新　視　野
中華經典文庫

新 視 野
中華經典文庫

名譽主編
饒宗頤

導讀及譯注
淨因法師

六祖壇經

中華書局

新視野中華經典文庫

六祖壇經

□

導讀 / 譯注

淨因法師

□

出版

中華書局（香港）有限公司

香港北角英皇道 499 號北角工業大廈一樓 B

電話：（852）2137 2338　傳真：（852）2713 8202

電子郵件：info@chunghwabook.com.hk

網址：http://www.chunghwabook.com.hk

□

發行

香港聯合書刊物流有限公司

香港新界荃灣德士古道 220-248 號

荃灣工業中心 16 樓

電話：（852）2150 2100　傳真：（852）2407 3062

電子郵件：info@suplogistics.com.hk

□

印刷

深圳中華商務安全印務股份有限公司

深圳市龍崗區平湖鎮萬福工業區

□

版次

2012 年 12 月初版

2022 年 4 月第 5 次印刷

□

規格

大 32 開（205 mm × 143 mm）

□

ISBN：978-988-8181-88-9

出版說明

為什麼要閱讀經典？道理其實很簡單——經典正正是人類智慧的源泉、心靈的故鄉。也正是因此，在社會快速發展、急劇轉型，因而也容易令人躁動不安的年代，人們也就更需要接近經典、閱讀經典、品味經典。

邁入二十一世紀，隨著中國在世界上的地位不斷提高，影響不斷擴大，國際社會也越來越關注中國，並希望更多地了解中國、了解中國文化。另外，受全球化浪潮的衝擊，各國、各地區、各民族之間文化的交流、碰撞、融和，也都會空前地引人注目，這其中，中國文化無疑扮演著十分重要的角色。相應地，對於中國經典的閱讀自然也就有不斷擴大的潛在市場，值得重視及開發。

於是也就有了這套立足港台、面向海外的「新視野中華經典文庫」的編寫與出版。希望通過本文庫的出版，繼續搭建古代經典與現代生活的橋樑，引領讀者摩挲經典，感受經典的魅力，進而提升自身品位，塑造美好人生。

本文庫收錄中國歷代經典名著近六十種，涵蓋哲學、文學、歷史、醫學、宗教等各個領域。編寫原則大致如下：

（一）精選原則。所選著作一定是相關領域最有影響、最具代表性、最值得閱讀的經典作品，包括中國第一部哲學元典、被尊為「群經之首」的《周易》，儒家代表作《論語》、《孟子》，道家代表作《老子》、《莊子》，最早、最有代表性的兵書《孫子兵法》，最早、最系統完整的醫學典籍《黃帝內經》，大乘佛教和禪宗最重要的經典《金剛經》、《心經》、《六祖壇經》，中國第一部詩歌總集《詩經》，第一部紀傳體通史《史記》，第一部編年體通史《資治通鑒》，中國最古老的地理學著作《山海經》，中國古代最著名的遊記《徐霞客遊記》，等等，每一部都是了解中國思想文化不可不知、不可不讀的經典名著。而對於篇幅較大、內容較多的作品，則會精選其中最值得閱讀的篇章。使每一本都能保持適中的篇幅、適中的定價，讓普羅大眾都能買得起、讀得起。

（二）尤重導讀的功能。導讀包括對每一部經典的總體導讀、對所選篇章的分篇（節）導讀，以及對名段、金句的賞析與點評。導讀除介紹相關作品的作者、主要內容等基本情況外，尤強調取用廣闊的「新視野」，將這些經典放在全球範圍內、結合當下社會生活，深入挖掘其內容與思想的普世價值，及對現代社會、現實生活的深刻啟示與借鑒意義。通過這些富有新意的解讀與賞析，真正拉近古代經典與當代社會和當下生活的距離。

（三）通俗易讀的原則。簡明的注釋，直白的譯文，加上深入淺出的導讀與賞析，希望幫助更多的普通讀者讀懂經典，讀懂古人的思想，並能引發更多的思考，獲取更多的知識及更多的生活啟示。

（四）方便實用的原則。關注當下、貼近現實的導讀與賞析，相信有助於讀者「古為今用」、自我提升；卷尾附錄「名句索引」，更有助讀者檢索、重溫及隨時引用。

（五）立體互動，無限延伸。配合文庫的出版，開設專題網站，增加朗讀功能，將文庫進一步延展為有聲讀物，同時增強讀者、作者、出版者之間不受時空限制的自由隨性的交流互動，在使經典閱讀更具立體感、時代感之餘，亦能通過讀編互動，推動經典閱讀的深化與提升。

這些原則可以說都是從讀者的角度考慮並努力貫徹的，希望這一良苦用心最終亦能夠得到讀者的認可、進而達致經典普及的目的。

「弘揚中華文化」是中華書局的創局宗旨，二〇一二年又正值創局一百週年，「承百年基業，傳中華文明」，本局理當更加有所作為。本文庫的出版，既是對百年華誕的紀念與獻禮，也是在弘揚華夏文明之路上「傳承與開創」的標誌之一。

需要特別提到的是，國學大師饒宗頤先生慨然應允擔任本套文庫的名譽主編，除表明先生對本局出版工作的一貫支持外，更顯示先生對倡導經典閱讀、關心文化傳承的一片至誠。在此，我們要向饒公表示由衷的敬佩及誠摯的感謝。

倡導經典閱讀，普及經典文化，永遠都有做不完的工作。期待本文庫的出版，能夠帶給讀者不一樣的感覺。

中華書局編輯部

二〇一二年六月

目錄

《六祖壇經》導讀

淨因法師

佛教經典分為經、律、論三藏。弟子們將佛陀一生的言行錄收集整理成「經藏」，將佛陀制訂的戒條收集整理成「律藏」，將弟子們對佛陀教法闡釋的著作收集整理成「論藏」。換而言之，只有佛陀親口宣說的教法，才能被尊為「經」。唯一的例外則是六祖惠能（一作慧能）的言行錄，被弟子們收集整理成冊，以「經」冠名為《六祖壇經》。千百年來人們不但毫無異議，而且以讀《六祖壇經》為人生一大樂事，「人生最大幸福事，夜半挑燈讀壇經。」《六祖壇經》是禪門的根本寶典，其中「見性成佛」的思想是促使佛教中國化的基石；「心性」學說對宋明兩代理學家的思維方式和思想內容影響巨大；通俗易懂的宣教方式使《六祖壇經》成為中國第一部白話文學作品。西方人瓦茨氏（Alan Watts）因而將《六祖壇經》看成是「東方精神文學的最大傑作」，而近代國學大師錢穆將之與《論語》、《孟子》等書並列，《六祖壇經》成為探索中國文化的必讀經典之一。

一、《六祖壇經》的作者

惠能（六三八—七一三），祖籍范陽（今河北涿州），隨父流放嶺南新州（今廣東新興縣）。三歲時父親去世，他又隨母親移居南海（今屬廣東佛山一帶），因家境貧寒，只能靠賣柴維持生計，無緣接受良好的教育，但悟性極高。惠能二十二歲時，有一次賣完柴，無意中聽人誦《金剛經》而心有所悟，成為他的求道因緣，以「佛性本無南北」之語吸引五祖弘忍的注意力，以「本來無一物，何處惹塵埃」偈語，得五祖印可。後來，五祖又專門為他解說《金剛經》，至「應無所住而生其心」而大徹大悟，秘得五祖衣鉢，為自己的求法時期劃上圓滿的句號。

「迷時師度，悟了自度。」二十四歲的惠能離開五祖弘忍，開始長達十五年的自性自悟期，因被惡人追逐，受盡磨難，命如懸絲，不得不避難於四會、懷集一帶，隱藏於獵人之間。逆境成為磨練惠能的最高學府，最終他達到了「不被諸境所惑，自然具足神通妙用」之境界。

惠能三十九歲那年（六七六），自思弘法因緣成熟，走出深山，來到廣州法性寺（今光孝寺），一句「仁者心動」，一鳴驚人，連名噪一時的印宗大和尚都心甘情願地拜這位「俗人」為師，然後才為自己的俗人師父落髮為僧。此中隱含「依法不依人」之深意！

惠能四十歲時來到曹溪寶林寺（今韶關南華寺），在大梵寺設壇講經説法，開始了他三十七

六祖砍竹圖

年的弘法生涯。他以「教外別傳、不立文字」的教學風格，闡釋「直指人心、見性成佛」的心性學說，成為印度佛教全面中國化的標誌，更對中國哲學與中華文化的發展產生了深遠影響。

惠能七十六歲時（七一三）在新州國恩寺去世，唐憲宗賜號「大鑒禪師」，柳州刺史柳宗元撰《曹溪第六祖大鑒禪師碑並序》，劉禹錫撰《曹溪大師第二碑》。由此可見，惠能在唐朝時便被文人雅士所敬仰。惠能圓寂後，其真身不壞，被運回曹溪寶林寺供奉，至今還保存在南華寺，供奉在六祖殿中。

二、《六祖壇經》的版本與注疏

惠能如同佛陀、孔子一樣，在世時其言行錄尚未被整理成書流通。惠能去世後，法海、法達、智常、志徹、神會等數以千計的弟子在傳播惠能頓悟教法的同時，形成各自的家風，並逐步將惠能的教法整理成書。《六祖壇經》也許從一開始就有多種版本同時流通。宗寶於1291年在編輯《六祖大師法寶壇經》的跋文中指出，「余初入道，在感於斯，續見三本不同，互有得失，其板亦已漫滅。」（T48.364c13，此係引用經卷序列號，T代表《大正新修大藏經》，X代表《卍新纂續藏經》。下同）這一史料說明，至少在元代，多種《六祖壇經》版本仍然同時流通。學者研究的成果進一步證實了這一推論。柳田聖山在《六祖壇經諸本集成》一書中收集了中日兩國十一個不同版本的《六祖壇經》，石井修道認為有十四種之多，宇井伯壽在《禪宗史研究》中歸納出二十種版本，而楊曾文更是列出近三十種不同的版本。在眾多的版本中，綜合田中良昭、郭朋、王月清和洪修平等學者的研究成果，真正獨立的《六祖壇經》本子至少有四種：（1）唐代「敦煌本」（法海本，敦煌寫本）——《南宗頓教最上大乘摩訶般若波羅蜜經六祖惠能大師於韶州大梵寺施法壇經》（T48.337a-345b），約一萬兩千字，由唐法海集記。（2）晚唐「惠昕本」（宋本，興聖寺本）——《六祖壇經》，約一萬四千字，由晚唐惠昕改編（九六七）。（3）北宋「契嵩本」（曹溪原本，明藏本）——《六祖大師法寶壇經曹溪原本》，約兩萬一千字，由宋朝契嵩改編（一〇五六）。（4）元代的「宗寶本」（流通本）——《六祖大師法寶壇經》（T48.345b-365a），約兩萬一千字，由元朝宗寶改編（一二九一）。

學者們普遍認為，以上現存的各種《六祖壇經》版本起源於同一個母本——「敦煌本」，因而把各版本中不同於敦煌寫本的眾多差異看成是傳抄訛誤、修訂與補充，甚至有意篡改的結果，致使一萬兩千字的「敦煌本」擴充到兩萬四千字的「宗寶本」。事實並非如此。以編輯於九六七年的「惠昕本」為例，惠昕在《六祖壇經序》說，「古本文繁，披覽之徒，初忻後厭。於思迎塔院，分為兩卷，凡十一門，貴接後來，同見佛性者。」由此可見，惠昕在編輯《六祖壇

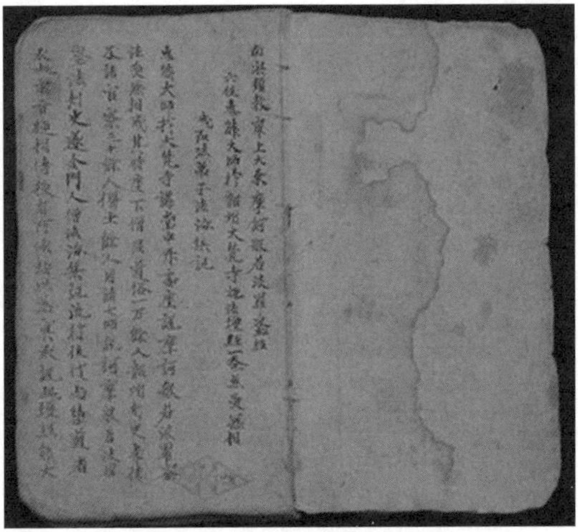

「旅博本」敦煌寫本《六祖壇經》

經》時，對其內容不是擴充，而是簡化。內容較少的「敦煌本」確實是現存最早的版本，但並不一定就是最古老的版本。北宋時所修《新唐書・藝文志》（卷五九）有一段記錄，「僧法海六祖法寶記一卷。」[1] 李富華以此推斷，最早的《六祖壇經》抄本可能就叫《六祖法寶記》，而帶有「壇經」二字的版本應是後來的抄本。

更重要的是，內容較多的「惠昕本」、「宗寶本」等較晚的版本，其內容之古樸未必就晚於較早的「敦煌本」。宗寶就是綜合當時三種不同的壇經古本而編輯成《六祖大師法寶壇經》。該本中「若論相說里數，有十萬八千」一語常被人們用來作為宗寶篡改《六祖壇經》的鐵證。事實上，這句話不但不是由宗寶篡改而來，反而證明「宗寶本」保存了「敦煌本」遺漏的惠能有關淨土的重要開示，詳情見下文。「宗寶本」幾乎是明代以後唯一的流行本，具有品目齊整、語言流暢、通俗易懂、文學色彩濃、可讀性強等優點，故為本導讀所採用。

《六祖壇經》的注疏，歷來很多。比較重要的有契嵩的《法寶壇經贊》、天柱的《注法寶壇經海水一滴》五卷、袁宏道的《法寶壇經節錄》、李贄的《六祖法寶壇經解》、恆璿的《法寶壇經要解》、益淳的《法寶壇經肯窾》五卷、青巒的《法寶壇經講義》一卷、丁福保的《六祖法寶壇經箋注》一冊、無著道忠的《六祖壇經生苔帚》三卷等。近年來流行的是中華書局一九八三年出版的郭朋《壇經校釋》。

1 點校本《二十五史・新唐書・藝文志》（中華書局，二〇〇九年）第五冊，卷五九，頁一五二九。

三、《六祖壇經》的基本內容

無論哪一種版本的《六祖壇經》，都大致由三個方面的內容組成：一是惠能自述生平。二是惠能開壇授戒說六波羅蜜。三是惠能一生以機鋒、三十六對等調教弟子及臨終囑咐等。依據印順考證，前兩個部分的內容大體上是惠能在大梵寺講法的實錄，應形成於惠能生前。第三部分內容是在惠能去世後，由弟子收集、整理而形成。《六祖壇經》內容博大而精深，深奧難明，令初學者望而卻步。賴永海對儒家和佛家的核心問題有精闢論述，為我們理解《六祖壇經》打開了一扇門，「儒家關於人的學問，通常稱之為人性理論；佛教關於佛的學說，則是作為整個佛教（特別是大乘佛教）核心問題的佛性理論。」《六祖壇經》就是最典型的代表，它以「佛性」回答人為什麼能成佛，以「悟性」回答成佛的途徑，以「心性」回答怎樣成佛。

（一）佛性——成佛的基因

《六祖壇經》首先要解的問題是，人為什麼能成佛，憑什麼能成佛？《百論》以沙中榨不出油來說明，人若無成佛的基因——佛性，便無佛可成，「譬如一一石女，不能有子；一一盲人，不能見色；一一沙，不能出油。多集亦不能。」（T30.175b22-24）由此觀之，佛性是關係到一個人能否成佛的大問題。這就是為什麼對佛性的討論，貫穿《六祖壇經》始終。惠能與五祖弘忍第一次見面時，兩人便就「獦獠」是否有佛性展開激烈辯論。十五年後，惠能第一次在廣州法性寺（即光孝寺）公開亮相時，印宗大和尚便迫不及待地向惠能請教：「一闡提等，當斷善根佛性否？」一闡提指十惡不赦之人，因八識田中沒有任何善種子，看似缺少成佛的基因，從邏輯層面來看，應該沒有成佛的可能。在北涼曇無讖（三八五—四三三）譯出《大般涅槃經》之前，這種觀點在佛教界已成定論。然而，《大般涅槃經》卻說，「一闡提等無有善法，佛性亦善以未來有故，一闡提等悉有佛性。何以故？一闡提等定當得成阿耨多羅三藐三菩提故。我常宣說一切眾生悉有佛性。」（T12.524b25）包括「一闡提」在內的所有眾生都有佛性。然而，人們仍有懷疑，爭論不休，印宗故有此問。

為了徹底化解印宗心中對佛性的疑問，惠能以空有不二的中道實相詮釋佛性的本質，即緣起的生滅，產生現象世界的萬事萬物，其本質是空、有不二的中道實相，「智者了達其性無二，無二之性即是佛性。」惠能在回答武則天和唐中宗的內侍薛簡時，進一步將佛性與中道實相勾連在一起，「無二之性，即是實性。」對聖者而言，宇宙人生空有不二的實相就是佛性，常被稱為「實性」、「法性」、「實相」、「真如」、「法界」，是成佛的基因。

普通人雖然一時無法理解佛性之含義，一旦得到善知識的啟發，即使是「一闡提」的不善之人，總有一天會理解宇宙人生空無自性的中道實相，善心生起，成為生命的轉折點。就凡

廣州光孝寺內供奉惠能髮舍利的瘞髮塔

夫而言，人心中蘊藏著領悟諸法實相的潛能，這就是普通人的佛性，如同尚在母體中的胎兒一樣，總有一天會瓜熟蒂落，見性成佛。佛性因而被稱為「如來藏」、「藏識」、「本覺」、「自性」。凡夫經過苦修而見性成佛，此時，佛性又被稱為「解脫」、「涅槃」、「菩提」、「大圓鏡智」。儘管佛性有種種異名，本質卻並沒有什麼不同。《六祖壇經》中這種佛性論的思想直接繼承了《楞伽經》、《涅槃經》中「一切眾生皆有佛性」（T12.404c）的學說，幫助人們建立成佛的信心，邁向解脫的大門。

（二）悟性——成佛的種子

佛家的「佛性」與儒家所說的「禮、仁」、道家的「善」，幽微難明，無法用邏輯、語言文字來描述、傳授。道家因而有「道可道，非常道；名可名，非常名」之說，而佛家則有「言語道斷，心行處滅」之言，《六祖壇經》直截了當地說：「諸佛妙理，非關文字。」如何才能「見」到佛性，走上成佛之路呢？這正是整個《六祖壇經》所要回答的問題。如果把「佛性」看成是成佛的基因，那麼，悟性則是成佛的種子。如何才能引發佛性種子起作用呢？《六祖壇經》採取的主要手段是藉教悟宗，通過五祖弘忍與惠能、惠能與韶州刺史韋璩、武則天的內侍薛簡以及法海、法達、智通、智常、志道等弟子之間的問答，循循善誘，兼用逞機鋒、解公案和參話頭等禪門獨特的教法，引導人們突破語言文字的局限，超越習慣性思維和邏輯思維，破除我執，覺悟空有不二的佛性基因，見性成佛。

《六祖壇經》中有關悟性的論述隨處可見。最引人注目的就是頓悟與漸悟之爭。惠能指出：「法無頓漸，人有利鈍，故名頓漸。」其意為，對症的藥方就是最適合的法門，沒有頓漸、高下之分，而人在領悟同一法時，卻有快有慢，因此而有頓、漸之說。更重要的是，頓、漸並非是兩個截然不同的法門，頓悟以漸悟為基礎，漸悟到一定程度才能發生頓悟，正如《妙法蓮華經文句》（簡稱《法華文句》）云：「漸頓者，修因證果，從體起用具有漸頓。今明起用，用漸為權，用頓為實。若非漸引無由入頓。從漸得實故稱歎方便。」（T34.38a）神秀「時時勤拂拭」的漸悟方法對初學者而言很適用，不應否定其作用；修到一定的程度，惠能的「本來無一物」之頓悟法門才能發揮其巨大的能量。正如錢鍾書在《思辨錄輯要》中說：「人性中皆有悟，必功夫不斷，悟頭始出。如石中有火，必敲擊不已，火光始現。」

（三）心性——成佛的土壤

《六祖壇經》從抽象的「佛性」入手，說明眾生皆有佛性，是成佛的基因，悟性則是成佛的種子，最後惠能花費大量篇幅論述怎樣才能成佛。正如賴永海所說：「人們學佛的目的，就是要體證佛性，返歸本體。因此，在佛教學說中，作為抽象本體的『佛性』、『實相』，既是出發點，又是落腳點。」《六祖壇經》主張將悟性的種子種植在眾生的心田中，佛性種子才能生根發芽，苗壯成長。見性成佛必須從自心入手。惠能因而說：「不識自心，學法無益。」如何才算識得自心？惠能說：「自性能生萬法。」心念可分為「妄念」與「正念」兩種。妄念令人起惑造業而成凡人，正念使人悟入般若空性，見性成佛。凡、聖全在一念間。心迷時執著於身外之物，為其所累，這就是「心迷法華轉」的道理。人迷時需要大善知識開導。惠能因而說：「迷時師度。」一旦覺悟了，「悟時自度。」自性自度，自淨其意，人人皆可成佛性，是《六祖壇經》修道的最大特色，這把人生的解脫從佛性、真如、如如等抽象的哲學思辨拉回到現實人生。對「本心」的認識，成為惠能頓悟解脫法門的理論基點。

四、《六祖壇經》的現代意義與普世價值

作為東方思想代表的孔子、老子與惠能的塑像，並立於英國大不列顛圖書館內，供世人瞻仰。這表明中華文化具有普世價值。《六祖壇經》中繼承與創新、自性自悟、知行合一、出世與入世、不執著和活在當下，在今天仍有很大的現實意義。

首先，儘管惠能主張「不立文字」，但並非否定文字的功能，「若不識法意，自錯猶可，

更誤他人；自迷不見，又謗佛經。」事實上，惠能特別強調傳統的藉教悟宗的教育法，常引用佛經開示弟子：為無盡藏比丘尼（T48.349c21-28、T48.356c26-357a23）、志道（T48.356c26-357b11）、志徹（T48.359a2-359b11）講解《涅槃經》，為法達說《法華經》（《妙法蓮華經》的簡稱），闡述「心迷法華轉，心悟轉法華」之深意（T48.355b8-356b25），為智通釋《楞伽經》（T48.356a26-356b22），解答永嘉玄覺禪師學習《維摩經》時的疑惑（T48.357b29-358a9），為內侍薛簡闡述《淨名經》真諦（T48.359c13-360a16）。不僅如此，六祖還教誨法達，應是「心悟轉法華」，而不是「心迷法華轉」，今後便可繼續持誦《法華經》。法達「從此領玄旨，亦不輟誦經」。（T48.356a24-25）

與此同時，惠能並未墨守成規，死守經典，而是在講法時有所創新，對此岸、彼岸、坐禪、授戒、佛性等，都有自己獨到的解讀，尤其是對淨土的新解，令人耳目一新，致使不少學者誤以為非惠能所說。《阿彌陀經》確實說過，「從是西方過十萬億佛土，有世界名曰極樂。」（T12.346c11-12）迷人以此為依據，堅信西方極樂世界是在十萬億國土外的西方。惠能則認為，這是心外求法，有違「道由心悟」的修道原則。惠能針對這一執著指出往生淨土的要訣，「迷人念佛求生於彼，悟人自淨其心」。修學淨土應從自心入手，逐步去除心中的煩惱。煩惱減一分，淨清增一分，智慧長一分。等到心中十萬八千種煩惱盡除，清淨的心顯現，如實觀照宇宙、人生真相，隨緣而行，當下就是淨土。從這種意義上講，惠能的淨土觀是把人們從心外求法拉回到內心悟道，以心中煩惱的數量決定一個人與西方極樂世界的距離，科學而形象，使人容易入手修行。這種方便教化眾生的方法，不但沒有否定淨土法門，反而為修淨土之人開啟了一扇切實可行的法門。惠能的這種創新精神與能力，對現代人仍具有巨大的借鑒作用。

其次，《六祖壇經》以「即心即佛」打破了人與佛之間的界限，說明佛在人間，佛在心中，「不悟即佛是眾生；一念悟時，眾生是佛。」眾生與佛的根本區別就是一念之間的迷與悟。《六祖壇經》以當下這一念巧妙地將《楞伽經》的「自性清淨」思想與般若經典中的空、有不二的「中道實相」結合在一起，以「凡夫即佛，煩惱即菩提」、「前念迷即凡夫，後念悟即佛」、「前念著境即煩惱，後念離境即菩提」等教法，闡釋禪修的關鍵是當下一念的轉迷成悟。一切佛法都在人自心之中，佛也不例外，以此啟迪人們的自覺意識，增強世人自我解脫的自信。《六祖壇經》為身處紅塵身心疲憊的「俗人」，指出了一條自性自悟的精神解脫之路。

另外，《六祖壇經》多次強調修道要知行合一，「口但說空，萬劫不得見性，終無有益。」對真如、自性、般若、實相、涅槃、菩提、法身、本性等名相，不少人越學習越有興趣，越研究越著迷，覺得佛法義理博大精深，妙不可言。其實，佛教的名相如同飯店中的菜單，只研讀而不用心體會，無法從中受益。「知」是一回事，「行」又是一回事。知（學）的目的在於行（習），行是知的歸宿和落腳點，知行同一方近於道。只有做到了王陽明（一四七二—一五二八）所提倡的「知行合一」，才能真正擁有般若智慧。這對今天迷戀各種書本知識與概念的人們仍有很大的現實意義。

最重要的是，《六祖壇經》採用佛陀的分析法，説明世界萬物都是由五蘊、十二處和十八界（即三科）等元素組合而成，根本找不出一個永恆不變的實體，故執無所執；接著惠能又以三十六對説明煩惱與菩提、是與非、善與惡、成與敗等概念、名相皆相對而存在，以此否定人們非此即彼的思想方式，「出沒即離兩邊」，「二法盡除」，中道實相顯現；最後，連空、清淨、佛果等概念皆不應執著，自性空中無一法可得，方能以無念、無相、無住的思維，隨緣而住，正念不斷，方能見性成佛。《六祖壇經》中這種隨緣不執著的教法對現代人仍有借鑒作用：在將我們的理想變成現實的操作過程中，應以因緣為我們進退的依據，因緣不成熟時莫「強求」，因緣成熟時應「爭取」，隨緣而行，不執一法，也不捨一法，才是生存、發展與成功之道。

最後，《六祖壇經》將修行落實於生活當下的每一念。五祖弘忍大師在湖北黃梅東禪寺開壇講學時，常有一千多人跟隨他專心參禪打坐。多年後，有些弟子疑惑不解地問五祖弘忍：「老師講《金剛經》時要求我們發菩提心，普度眾生，而實際上您每天讓我們參禪打坐，無法與社會接觸，哪有機會普度眾生？這是否有違大乘佛法利他的宗旨？」五祖弘忍指著深山中的參天大樹微笑道：「參天大樹只有在深山中才能長成，天長日久，才能成為棟樑之才；同樣，修行人必須經過一段時間的靜修，心有所悟，才能更好地走入人間，教化眾生。」

五祖弘忍的話，明確指出了修行與生活的不二關係。學法、持戒、修定如同上培訓班，真正的修行是在修行中生活、在生活中修行。六祖惠能進一步指出：「一行三昧者，於一切處行住坐臥，常行一直心是也。」在日常生活中，若能學會專注於當下所做之事——行住坐臥、搬柴運水、睡覺吃茶、一舉一動，學會「心專一境」，禪味自在其中。禪門的這種修行風格逐漸發展成為「農禪並重」的禪門家風，把挑水、劈柴、種地等都列為修行功課。而今流行的生活禪，更是強調修行沒有一定的固定形式，無論是行、住、坐、臥，還是工作、學習、旅遊，處處專注，時時無住生心，使禪修與生活打成一片，徹底打通出世與入世的壁壘，對當今和諧社會的建設無疑具有意義。

《六祖壇經》是中國文化史上的里程碑，其深邃的哲學思辨、超然的思維方式早已滲透到宗教、哲學、道德、文學、音樂、建築、雕塑、壁畫、美術等諸文化領域，是一座取之不盡、用之不竭的精神寶庫，必將為推動文化發展繁榮發揮其應有的作用。

行由品第一

本篇導讀——

一個家境貧寒的柴夫，卻成了萬世敬仰的宗師；一個劈柴舂米的下人，卻深得五祖弘忍的賞識，密傳衣缽；一個目不識丁的「文盲」，卻說出了一部影響全人類的智慧寶典——《六祖壇經》；一個剛離開獵人朋友的「俗人」，卻讓一代高僧印宗大和尚心甘情願地拜他為師；一個沒有受過正規教育的農民，卻說出「道由心悟」的真知灼見。創造這些傳奇的主人翁就是六祖惠能。他在本品中為我們揭開一生的傳奇謎底。

時，大師至寶林，韶州韋刺史與官僚入山，請師出，於城中大梵寺講堂，為眾開緣說法。師升座次，刺史官僚三十餘人，儒宗學士三十餘人，僧尼、道俗一千餘人，同時作禮，願聞法要。

譯文

唐高宗儀鳳二年（六七七）春天，六祖大師從廣州法性寺來到曹溪南華山寶林寺（今韶關南華寺）。韶州刺史韋璩和他的部屬入寺，禮請六祖到城裏的大梵寺講堂演說佛法大義，廣開大眾進入佛門的因緣。六祖登座說法，聞法的人有韋刺史及隨行的三十多位官員、三十多位儒家學界領袖，還有一千多名出家比丘、比丘尼及在家信眾，大家一齊向大師行禮致敬，希望聆聽大師演說佛法的精要。

賞析與點評

《六祖壇經》是中國僧人撰寫的著作中唯一被冠以「經」的一部佛教典籍，它仿效佛經的格式，一開頭用簡略的序語，交代六祖說法的緣由、時間、地點、聽眾等必要條件。依據洪修平、孫亦平考證，惠能四十歲（六七七）時離開廣州法性寺，來到曹溪寶林寺，傳授明心見性的頓教禪法。當時政界高官、學界領袖、僧俗信眾，都來聽六祖說法。可見當時惠能的威望之高，唐朝各界人士追求人生真理何其懇切！由此我們不難推斷，大唐之所以興盛，不僅是物質的豐裕，更是精神上的富足。

大師告眾曰：善知識！[1]菩提[2]自性，本來清淨，但用此心，直了成佛。善知識！且聽惠能行由得法事意。

注釋

1 善知識：能教世人遠離惡法修行善法的人。

2 菩提（Bodhi的音譯）：意譯「覺」、「智」，是斷絕世間煩惱而成就的智慧。

譯文

六祖惠能對眾人說：善知識！覺悟真理之心，人人本具，清淨無污染。我們只要用好這顆覺心，就可以直接成佛。各位善知識！請先聽聽我求法得道的因緣和經歷！

賞析與點評

吾有一軀佛，世人皆不識。不塑亦不裝，不雕也不刻。
無一滴灰泥，無一點顏色。人畫畫不成，賊偷偷不得。
體相本自然，清淨非拂拭。雖然是一軀，分身百千億。

——契此

佛陀菩提樹下成道時說：「奇哉！奇哉！大地眾生皆有如來智慧德相，只因妄想執著，不能證得。」「如來智慧德相」就是人人本具的菩提自性，不需要人為的修飾，不雕不刻，不塑不裝，「體相本自然」；它如同純淨的水，清淨無染，如同明鏡，能映照事物的本來面目。若悟此道，只要運用人本有的這顆清淨心，明心見性，一悟便至佛地。所以，六祖惠能升座說法，開宗明義，點出《六祖壇經》的核心思想，覺悟菩提自性是成佛的基因，人人本具，成佛的快慢，取決於人在覺悟自性上如何下功夫。

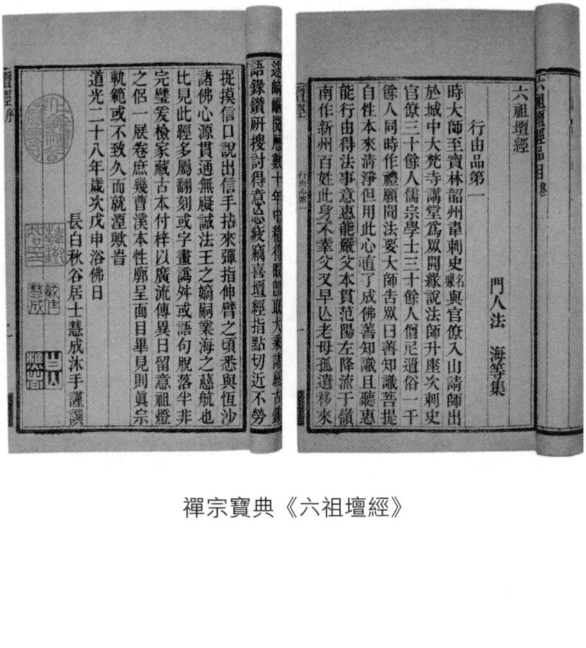

禪宗寶典《六祖壇經》

惠能嚴父，本貫范陽，左降流於嶺南，作新州百姓。此身不幸，父又早亡，老母孤遺，移來南海，艱辛貧乏，於市賣柴。

譯文

我的父親，原籍范陽（今河北省涿州市），後來被降職流放到嶺南，才成了新州（今廣東省新興縣）的百姓。我自幼很不幸，父親很早就離開人世，留下孤兒寡母，移居到南海（今屬廣東佛山一帶）。由於家境貧寒，我每天只靠賣柴來維持生計，日子過得十分艱難。

賞析與點評

惠能因三歲喪父，很早就承擔起了支撐家庭的重擔，他以砍柴為生，侍奉老母，可見他是一個孝敬母親的孩子，暗含《六祖壇經》受中國孝道文化的影響，成為該經在中國流行的文化基礎。更重要的是，惠能因家貧而以賣柴為生，說明他自幼不可能接受良好的教育，成了目不識丁的樵夫。惠能以此現身說法，闡釋禪學的核心要義：不立文字，教外別傳；直指人心，見性成佛。悟性高低，與學問水平並不一定成正比。

時有一客買柴，使令送至客店；客收去，惠能得錢，却出門外[1]，見一客誦經，惠能一聞經語，心即開悟[2]。遂問客誦何經，客曰：《金剛經》。

復問：從何所來，持此經典？

客云：我從蘄州黃梅縣東禪寺[3]來。其寺是五祖忍大師在彼主化，門人一千有餘。我到彼中禮拜，聽受此經。大師常勸僧俗，但持《金剛經》，即自見性，直了成佛。

注釋

1 却：通「卻」字。

2 開悟：開啟人本有的智慧。

3 東禪寺：位於湖北黃梅縣西南，為禪宗五祖弘忍的道場。

譯文

一天，有一位客人買柴，囑咐我把柴送到客店去。客人把柴收下後，我得了錢退出門外時，就見到一位客人正在讀誦佛經。我一聽那位客人所誦的經文，心裏頓時豁然開朗，於是問那位客人：請問您誦念的是什麼經？

客人說：《金剛經》。

我再問他：您從哪裏來？如何才能得到這部經典？

客人說：我從蘄州黃梅縣東禪寺來，那是五祖弘忍大師住持教化的道場，門下弟子達一千多人。我就去東禪寺拜五祖弘忍為師，聽聞領授了這部佛經。弘忍大師常常勸誡僧俗信眾，指示只要依《金剛經》所講的去修行，自然就能夠見到自己清淨的本性，當下就能了悟成佛。

賞析與點評

從初祖達摩（一作「達磨」）到二祖慧可、三祖僧璨，以《楞伽經》為禪宗印心的依據；四祖道信以《文殊般若經》為印心的依據；五祖弘忍（六〇一—六七四）以《金剛經》為印心之經典，創東山法門，普勸僧俗讀誦此經，即自見性，直了成佛。在這樣的文化背景下，惠能在賣柴時偶然聽到人讀誦《金剛經》，心有所悟，成為他求道的因緣，暗示了南宗禪法與般若系《金剛經》的淵源。

惠能聞說，宿昔有緣，乃蒙一客，取銀十兩與惠能，令充老母衣糧，教便往黃梅，參禮五祖。

譯文

我聽了客人的這番話，也想去參拜五祖。由於過去結下的善緣，一位客人給我十兩銀子，囑咐我用來安頓老母，充當其衣食生活之所需。然後，他就叫我安心去黃梅縣東禪寺，參拜五祖大師。

賞析與點評

《孝經》把世間孝道分為三個層面：夫孝，始於事親，中於事君，終於立身。惠能自幼砍柴掙錢，贍養老母；遠行求道前又想方設法安頓好母親，使她衣食無憂。這完全符合儒家孝道的第一個層面，「始於事親」。惠能聽聞《金剛經》，毅然遠行求法，又符合儒家孝道的第三個層面，「終於立身」。惠能經過十八年的求道磨鍊，出來弘法，安撫人心，符合儒家孝道的第二個層面，「中於事君」。惠能的一生，是孝道的寫照，佛、儒兩家的思想通過孝道，完全相容並存於《六祖壇經》，顯示唐朝時期外來的佛教與儒道等中國固有文化思想的融合，是禪為中國化佛法的特色和表現，也成為《六祖壇經》被國人廣泛接受的重要原因。

惠能安置母畢，即便辭違，不經三十餘日，便至黃梅，禮拜五祖。

祖問曰：汝何方人，欲求何物？

惠能對曰：弟子是嶺南新州百姓，遠來禮師，惟求作佛，不求餘物。

祖言：汝是嶺南人，又是獦獠，若為堪作佛？

惠能曰：人雖有南北，佛性[1]本無南北；獦獠身與和尚[2]不同，佛性有何差別？

五祖更欲與語，且見徒眾總在左右，乃令隨眾作務。

注釋

1 佛性：覺性，成佛之可能性。《涅槃經》云：「一切眾生悉有佛性，如來常住無有變易。」

2 和尚：以和為尚、德高望重之人，後世沿用為弟子對師父的尊稱。

譯文

我安置好老母親後，辭別母親，不到三十天的時間，便抵達黃梅，見到了五祖弘忍大師，並向他致禮參拜。

五祖問我：你是哪裏人？到這裏想求些什麼？

我回答說：弟子是嶺南新州的一名普通老百姓，遠道而來，禮拜師父，只求作佛，別無他求。

五祖用懷疑的口氣問我：你是嶺南人，又是一個身犯殺戮重罪的野蠻人（獦獠），還能成佛嗎？

我說：雖然人有南方和北方的地區分別，佛性卻沒有南方和北方的分別。我這個獦獠之身雖然和大師不一樣，但是個人本自具有的佛性又有什麼差別呢？

五祖還想和我繼續交談下去，但看到眾多弟子圍在左右，便吩咐我隨同大家一起勞動、生活。

賞析與點評

《大方便佛報恩經》說：「我等宿世造何惡行……為田獦魚捕。」依據佛教的觀點，以狩獵為生、獵取人頭與咽食人肉為習俗的「獦獠」，罪大惡極，接近於斷絕善根的「一闡提」，他們是否仍有佛性？這關係到能不能成佛的大問題。所以五祖弘忍有針對性地發出疑問：「汝是嶺南人，又是獦獠，若為堪作佛？」惠能毫不猶豫地回答：「人雖有南北，佛性本無南北，獦獠身與和尚不同，佛性有何差別？」即使是罪大惡極之人，包括「一闡提」，只要遇善知識的啟發，一念向善，便能邁上成佛大道。這種佛性論的思想直接繼承了《楞伽經》、《涅槃經》中「一切眾生皆有佛性」（T12.404c）之說，讓解脫的大門也向惡人敞開。

惠能曰：惠能啟和尚，弟子自心常生智慧，不離自性，即是福田。未審和尚教作何務？

祖云：這獦獠根性大利，汝更勿言，著槽廠去。

惠能退至後院，有一行者[1]，差惠能破柴踏碓[2]。

經八月餘，祖一日忽見惠能，曰：吾思汝之見可用，恐有惡人害汝，遂不與汝言，汝知之否？

惠能曰：弟子亦知師意，不敢行至堂前，令人不覺。

注釋

1 行者：又稱行人、修行人，泛指修佛道之人，專指在寺內幫忙做雜務的帶髮修行者。

2 踏碓：發明於西漢，是去秕、脫殼的糧食加工工具。

譯文

惠能說：我曾經問大師：弟子自心常常湧現智慧，不離自性，這就是福田。不知大師還有何更重要的事要我去做？

五祖說：想不到你這獦獠稟賦如此之高！你不必多說了，先到後院幹活去吧。

我退下來到後院，有一個行者叫我劈柴、舂米，就這樣，我一連幹了八個多月。

有一天，五祖看似不期而遇地見到我，便說：我知道你的見解很可用，恐怕遭惡人嫉妒而被加害，所以那天沒有與你深談，你明白我的用意嗎？

我回答：弟子也知道師父用心良苦，所以從來不敢到法堂請教，以免引人生疑。

賞析與點評

七碗受至味，一壺得真趣。
空持百千偈，不如吃茶去。

——趙樸初

唐代趙州從諗禪師（七七八—八九七）是一位壽星，活到一百二十歲。有人向他請教什麼是禪。趙州禪師問：「你以前來過嗎？」那個人回答：「沒有來過。」趙州禪師說：「吃茶去！」過了一會兒，又有人來向他問禪，趙州問他：「你來過嗎？」這個僧人說：「我曾經來過。」趙州禪師說：「吃茶去！」這時，身邊的院主好奇地問：「怎麼來與不來的人，您都讓他們吃茶去呢？」趙州禪師意味深長地說：「你也吃茶去！」。

早晨開門七件事：柴、米、油、鹽、醬、醋、茶。茶是普通老百姓家中最常見之物，趙州禪師以「吃茶去」引導人們從日常生活的瑣碎事兒入手，學會專注，體會禪味。趙樸初居士對此深有體會：豪飲七碗能領受茶的最高滋味，而一壺全飲則得到茶中真趣；與其花費大量的時間和精力研讀、持誦千百條高僧的悟道偈語，還不如放下一切，專心領受那茶中之禪、禪中之茶。引申開來說，在日常生活中，若能學會專注於當下所做之事——行住坐臥、搬柴運水、睡覺吃茶、一舉一動，學會「心專一境」，禪味自在其中。

祖一日喚諸門人總來：吾向汝說，「世人生死事大，汝等終日只求福田，不求出離生死苦海。自性若迷，福何可救？」汝等各去，自看智慧，取自本心般若[1]之性，各作一偈[2]，來呈吾看，若悟大意，付汝衣法[3]，為第六代祖。火急速去，不得遲滯，思量即不中用；見性之人，言下須見。若如此者，輪刀上陣[4]，亦得見之。

注釋

1 般若：明見一切事物及道理的高深智慧。

2 偈（gāthā）：譯為「頌」，略似於詩的有韻唱詞，不問三言四言乃至多言，通常四句一偈。

3 衣法：在禪宗傳承中，內傳心法以印證宗門的佛心宗旨，外傳袈裟以表示傳正法之信證。

4 輪刀上陣：指上陣作戰，舞刀飛轉如旋轉的車輪一般。

譯文

有一天，弘忍大師召集所有的弟子，說：我經常提醒你們，「世間的眾生在生死苦海裏沉淪，如何解脱生死，這是亟待解決的一件大事。你們整天只知持戒修善追求人天福報，而不知修慧，脱離生死苦海。自己本有的佛性如果迷失了，做功德、求福田又哪裏能救你們脱離苦海呢？」你們各自回去，運用自己的智慧觀照本心自性，各自做一首悟道偈來給我看。如果有誰能悟得佛法大意，我就傳付衣法給他，他將成為第六代祖師。大家趕快回去做，不得遲慢拖延！費心思考分析是沒有用的，覺悟自性的人，一言之下自能得見。這樣的人，即使在戰場上將刀揮得如輪子飛舞，也能於言下立見自性。

賞析與點評

宋代嚴羽在其著作《滄詩浪話》中以「禪喻詩」云：「詩有別趣，非關理也。」其意為，一首好的詩，絕不應是邏輯的論證、概念的展示。同理，對真理的領悟，也應是當下直悟，超越邏輯。故弘忍云：「思量即不中用。」若心有所悟，刀光劍影之間也能悟入真理。

眾得處分，退而遞相謂曰：我等眾人，不須澄心[1]用意作偈，將呈和尚，有何所益？神秀上座[2]，現為教授師[3]，必是他得；我輩謾作偈頌，枉用心力。

餘人聞語，總皆息心，咸言我等已後依止[4]秀師，何煩作偈。

神秀思惟：諸人不呈偈者，為我與他為教授師；我須作偈，將呈和尚。若不呈偈，和尚如何知我心中見解深淺？我呈偈意，求法即善，覓祖即惡，卻同凡心奪其聖位奚別？若不呈偈，終不得法，大難！大難！

注釋

1 澄心：使心緒澄靜平定，集中凝慮。

2 上座：指年長德高、統督寺內僧眾之長老。

3 教授師：給受具足戒的僧人教授有關行住坐臥等威儀、規矩的老師。

4 依止：依賴有學、有修、有德之人而安住。

譯文

眾人聽了五祖的吩咐後，退回住處議論道：我們這樣的人，沒必要花費心力來作偈。因為即使呈了偈子給大師看，又有什麼用呢？神秀上座現在是教授師，第六代祖師之位一定是他的；我們這些人冒昧作偈，只是白白浪費精力罷了。大家聽了這話，都打消了作偈的念頭，都說：我們以後追隨神秀禪師就行了，何必多此一舉呢？

神秀也暗自在想：大家都不作偈呈交大師，是因為我是他們的教授師，所以我必須作偈呈送給和尚看。如果不作偈呈交，五祖大師怎麼知道我對佛法的見地深淺呢？我作偈呈交五祖的用意，如果是為了印證我所學之法，那就是善的；如果是為了獲取六祖的位子，那就是一種惡行。這和一般處心積慮地貪圖聖位的凡夫心又有什麼不同呢？如果我不呈偈請和尚印證，終究不能得法。這件事實在是教人為難！教人為難啊！

賞析與點評

培根說過，「知識就是力量」，神秀因多聞而擔任五祖座下的教授師，眾人因此而認定神秀理應繼承五祖衣缽。這正是知識的力量！然而，有知識不等於有智慧，知識在為神秀帶來榮耀的同時，也為他身心發展帶來沉重負擔，令他活得比常人更敏感，因而陷入進退兩難的境地，「求法即善，覓祖即惡」。

神秀

五祖堂前，有步廊三間，擬請供奉[1]盧珍畫「楞伽經變相」[2]及「五祖血脈圖」[3]，流傳供養。神秀作偈成已，數度欲呈，行至堂前，心中恍惚，遍身汗流，擬呈不得。前後經四日，一十三度，呈偈不得。

秀乃思惟：不如向廊下書著，從他和尚看見，忽若道好，即出禮拜，云是秀作；若道不堪，枉向山中數年，受人禮拜，更修何道？

注釋

1 供奉：官名。唐朝時，凡擅長文學、美術或其他技藝的人，得延聘於宮廷內，給事左右，封為「供奉」。

2 楞伽經變相：將《楞伽經》要義繪製成圖畫。

3 五祖血脈圖：據初祖達摩至五祖弘忍傳法之譜繪成的圖像。

譯文

五祖大師的法堂前有三間走廊，原本是用來供奉盧珍所繪的《楞枷經變相》和《五祖血脈圖》等畫，以便流傳後世，受人供養。神秀作好偈以後，好幾次想呈送給五祖，一走到大堂前，就緊張得心中恍惚，全身流汗，猶豫不決。就這樣前後經過了四天，十三次想呈送自己所作的悟道偈，但始終沒有勇氣交上去。神秀心中就想：不如把所作的偈寫到法堂前走廊上，等五祖偶然看到，如果他稱讚這個偈好，我就出來向五祖大師致敬行禮，說明這是我神秀作的；如果說不好，那只能怪自己白白在山中修行這麼多年，空受眾人恭敬禮拜，還修什麼道呢？

賞析與點評

據說愛因斯坦被帶到他在普林斯頓高級研究所的辦公室的那天，管理人員問他需要什麼，愛因斯坦回答說：「我看，一張桌子或椅子，一把椅子和一些紙張鋼筆就行了。啊，對了，還要一個大廢紙簍。」

「為什麼要大的？」

「好讓我把所有的錯誤都扔進去。」

學富五車的神秀，始終無法將對名利之心的執著扔進垃圾箱，患得患失令他心神不寧，在境界上早已輸給「心無一物」的惠能了。

是夜三更，不使人知，自執燈，書偈於南廊壁間，呈心所見。偈曰：

身是菩提樹，心如明鏡台。時時勤拂拭，勿使惹塵埃。

秀書偈了，便却歸房，人總不知。秀復思惟：五祖明日見偈歡喜，即我與法有緣；若言不堪，自是我迷，宿業障重，不合得法。聖意難測。房中思想，坐臥不安，直至五更。

譯文

於是，就在當天夜裏三更時分，神秀不讓別人知道，悄悄地走出房門，自己掌燈，將作好的悟道詩寫在南廊的牆壁上，以展示他對佛法的見解。偈頌說：

身是菩提樹，心如明鏡台。時時勤拂拭，勿使惹塵埃。

神秀寫完，便回到自己的房中，全寺上下都不知道這件事。神秀又想：明天五祖看到偈後，如果心生歡喜，就說明我與佛法有緣；如果不好，自然是我自心仍迷，前世罪業太過深重，所以不該得法。五祖的聖意實在是難以揣測啊！

神秀在房中左思右想，坐臥不安，一直折騰到五更時分。

賞析與點評

常為菩提樹澆水、施肥、修除旁枝，它才能茁壯成長；我們的身、口如同菩提樹，應常以「持戒」來修正我們的一言一行，使之合於規範。同樣，我們的心原本如同明鏡台一樣明亮，應以「修定」來清除我們靈魂深處的私心、雜念等塵埃，保持本性的清淨。神秀修道方法的要點是「時時勤拂拭」，主張修行要循序漸進。這種漸悟式的修行方式，對普通根機的修道人十分適合。然而，神秀將身、心比作菩提樹與明鏡台，塵埃比作煩惱，字裏行間流露出他仍在有分別的心境上下工夫，於惠能「無住生心」的頓悟法門仍有一段距離，因而失去繼承五祖衣缽的資格。

祖已知神秀入門未得，不見自性。

天明，祖喚盧供奉來，向南廊壁間，繪畫圖相，忽見其偈。報言：供奉却不用畫，勞爾遠來。經云：「凡所有相，皆是虛妄」。但留此偈，與人誦持。依此偈修，

免墮惡道；依此偈修，有大利益。令門人炷香禮敬，盡誦此偈，即得見性。門人誦偈，皆歎善哉。

譯文

其實，五祖早已知道神秀還未真正入道，尚未見到自性。天亮後，五祖請來供奉盧珍，到南邊廊下，準備請他繪製壁畫，猛地看到神秀書寫的這個偈頌，便對盧珍說：供奉！不用再畫了，勞駕你遠道而來。佛經上說：「凡是一切有形體相狀的東西都是虛幻不真實的。」就留下這首偈，讓人們念誦持奉。如果有人依照這個偈頌去修行，可以避免墮入地獄、餓鬼、畜生三惡道；依照這個偈的道理去修行，也能獲得很大的利益。於是五祖告訴弟子們，應當對偈焚香恭敬禮拜，大家只管念誦這首偈頌，就可以見到自性。弟子們依照五祖大師的話去念誦這個偈，都讚歎說：很好！

賞析與點評

木馬等病毒入侵電腦後，輕則丟失文檔，重則使電腦無法正常運轉；同理，貪、嗔、癡等心靈的病毒入侵人心後，使人產生種種不清淨的雜念、妄想，嚴重影響生命的軌跡。修行如同開啟電腦的殺毒軟件，以戒去除不如法的行為，以定去除心中的妄念，引發智慧，走上成佛大道。這是神秀修法的精髓。所以五祖弘忍說，「依此偈修，有大利益。」然而，這種修行仍處於有煩惱可斷、有佛果可成的有相階段。依據《金剛經》，煩惱與佛果等世間名相皆是虛幻不實的，「凡所有相，皆是虛妄」。若悟此理，才能明心見性。

祖三更喚秀入堂，問曰：偈是汝作否？

秀言：實是秀作，不敢妄求祖位。望和尚慈悲，看弟子有少智慧否？

祖曰：汝作此偈，未見本性，只到門外，未入門內。如此見解，覓無上菩提，了不可得。無上菩提，須得言下識自本心，見自本性不生不滅[1]，於一切時中[2]，念念[3]自見萬法無滯，一真一切真，萬境自如如。如如之心，即是真實。若如是見，即是無上菩薩之自性也。汝且去，一兩日思惟，更作一偈，將來吾看汝偈；若入得門，付汝衣法。

神秀作禮而出，又經數日，作偈不成，心中恍惚，神思不安，猶如夢中，行坐不樂。

注釋

1 不生不滅：依因緣和合而有，叫作生；依因緣分散而無，叫作滅。有生有滅，是有為法；不生不滅，是無為法。

2 於一切時中：指在過去、現在和未來的一切時間，泛指從無始以來相續無窮的時間。

3 念念：剎那，極其短暫之時間。

譯文

五祖當天夜裏三更時分把神秀叫進法堂，問道：那首偈頌是你寫的嗎？神秀回答道：確實是弟子所作，不敢奢望求取第六代祖師的位置，只望和尚慈悲，看弟子是否有一點智慧？

五祖說：你作的這個偈子，還沒有見到自性，只是門外漢一個，還沒有登堂入室。依照這樣的見解，要想獲得至高無上的覺悟，是不可能的。所謂無上的覺悟，是必須當下識心見性，見到自己的本性是不生不滅的；於任何時候，念念都能見到自己的真心本性，了知一切事物現象相互融通無礙，只要能認識真如自性（一真），自然一切法皆真實不虛，一切的境界自亦如如不動而無生無滅（一切真）。這如如不動之心，就是離絕人我、法我二執而顯現的真實性。如果有了這樣的見解，就是體證無上覺悟的本性。你且回去思惟一兩天，再作一偈送來給我看，如果你的偈能入得門來，我就將衣缽傳給你。

神秀向五祖行禮後退出來。又過了幾天，神秀仍然作不出新的悟道偈，心中恍惚，神思不安，猶如在夢中一般，行住坐臥都悶悶不樂。

賞析與點評

神秀在其悟道偈中認為，持戒可以清淨我們的身體，使之如菩提樹一般健康成長；修定可以淨化我們的心靈，如同時時刻刻清除落在明鏡上的灰塵，不受污染，而得明心見性。很顯然，神秀的偈頌仍處於隨因緣變化而有所得的層次，與畢竟空中無一法可得的層次仍有一段距離。五祖弘忍因而有如下評論：未見本性，只到門外，未入門內。

復兩日，有一童子[1]，於碓坊過，唱誦其偈。惠能一聞，便知此偈未見本性。雖未蒙教授，早識大意。遂問童子曰：誦者何偈？

童子曰：爾這獦獠不知，大師言，「世人生死事大，欲得傳付衣法，令門人作偈來看。若悟大意，即付衣法，為第六祖。」神秀上座，於南廊壁上，書無相偈，大師令人皆誦，「依此偈修，免墮惡道；依此偈修，有大利益。」

惠能曰：我亦要誦此，結來生緣。上人[2]！我此踏碓，八個餘月，未曾行到堂前，望上人引至偈前禮拜。

童子引至偈前禮拜。惠能曰：惠能不識字，請上人為讀。時有江州別駕[3]，姓張名日用，便高聲讀。惠能聞已，遂言：亦有一偈，望別駕為書。

別駕言：汝亦作偈，其事稀有。

惠能向別駕言：欲學無上菩提，不得輕於初學。下下人有上上智，上上人有沒意智[4]。若輕人，即有無量無邊罪。

注釋

1 童子：對寺院中尚未正式出家少年的稱呼。

2 上人：智德兼備之人，此處是惠能對童子的尊稱。

3 別駕：官名，漢代設立，為州刺史的佐史。因隨從州官出巡轄境時，別乘驛車隨行而得名。

4 沒意智：愚鈍、沒有智慧。

譯文

又過了兩天，有一個童子，從舂米的房間前經過，口中唱誦著神秀所作的偈。我一聽就知道，這首偈還沒有見到本心自性。雖然我不曾正式蒙受點化指導，但心中早已領悟到佛法大意。就問童子：你念的是什麼偈啊？

童子說：你這獦獠有所不知。五祖弘忍大師說：「脫離生死苦海是亟待解決的人生大事。」大師要傳授衣缽和教法，所以命弟子們各寫一偈呈給他看，誰悟得佛法大意，就傳衣缽給他，讓他成為第六代祖師。神秀上座在南廊牆壁上，寫了這首無相偈，弘忍大師教弟子們都念誦這首偈，並說：「依照這首偈修行，可以避免墮入惡道；依照這首偈修行，可得大受益。」

我說：我也要念誦這首偈，為來生結緣。上人！我在這裏踏碓舂米，已經八個月了，從來沒有走到堂前，希望上人能帶領我到偈前去禮敬膜拜。

童子便帶我到偈前去禮拜。我說：惠能不識字，請上人為我讀一遍。

六祖春米圖

當時，有位叫張日用的江州（今九江）別駕在場，便高聲誦讀了神秀的偈。我聽了以後便說：本人也有個偈子，麻煩你代為書寫一下。

張別駕說：你也要作偈子？真是稀罕事呀！

我對張別駕說：想要參習無上的菩提覺道，就不能輕視初學佛法的人。下下等的人也會有上上等的智慧，上上等的人也會有愚鈍沒智慧的。如果輕視別人，就犯下了不可估量的罪過。

賞析與點評

一位黑人父親帶兒子去參觀梵古故居，在看過那張小木牀及裂了口的皮鞋之後，兒子問父親：「梵古不是位百萬富翁嗎？」父親答：「梵古是位連妻子都沒有娶上的窮人。」第二年，這位父親帶兒子去丹麥，在安徒生的故居前，兒子又困惑地問：「爸爸，安徒生不是生活在皇宮裏嗎？」父親答：「安徒生是位鞋匠的兒子，他出生在這棟閣樓裏。」

兩位貧困的天才深深地啟發了這位社會地位低下的黑人小孩。二十年後，他成為美國歷史上第一位榮獲普利策新聞獎的黑人記者。他就是伊爾·布拉格。由此觀之，地位卑微的人可能有過人的智慧，而地位高貴的人也會有迷失心智的時候。惠能沒文化，不識字，出家時是一位砍柴的樵夫，到黃梅後整天砍柴舂米。就是這樣一位地位最為「卑微的下下人」，其智慧卻遠遠勝過兩京法主、「三帝門師」的神秀，而成為禪宗六祖，值得人深思！

別駕言：汝但誦偈，吾為汝書。汝若得法，先須度吾，勿忘此言。惠能偈曰：

菩提本無樹，明鏡亦非台。
本來無一物，何處惹塵埃？

書此偈已，徒眾總驚，無不嗟訝，各相謂言：奇哉！不得以貌取人，何得多時使他肉身菩薩。祖見眾人驚怪，恐人損害，遂將鞋擦了偈，曰：亦未見性。眾以為然。

譯文

張別駕便說：你就說你的偈吧，我為你寫。你如果得了法，一定要先來度我，請千萬別忘了。我的偈頌是這樣說的：

菩提本無樹，明鏡亦非台。
本來無一物，何處惹塵埃？
張別駕把這首偈寫完以後，五祖門下的弟子無不讚歎驚訝，相互議論說：真是奇跡啊，實在不能單憑相貌來看人哩！為何沒過多久，他竟然成就了肉身菩薩？五祖看到大家這樣大驚小怪，唯恐有人要起心加害我，於是就用鞋子擦掉了這首偈語，說：這首偈也沒有見得本心！大家信以為真。

賞析與點評

達摩在嵩山面壁期間，慧可前來求法，他在雪地裏苦候到天明，並且以斷臂的方式表達赤誠之心。達摩祖師知其意志堅定，便問：「諸佛求道為法忘形，你今斷臂，求又何在？」慧可答道：「我心不安，乞師與安。」達摩反問：「你的心在何處？拿來吧，我替你安。」慧可找了半天也拿不出自己的心，正在為難之際，達摩意味深長地說：「不用找了，我已替你安好了。」慧可豁然大悟：無論妄心、淨心、真心，皆緣生緣滅，無心可得，自然無心可安。這不安而安，正是最上乘的安心之法。

惠能悟道偈中的「本無樹」與「亦非台」也道出同樣的道理：現象世界中的萬物，皆緣生緣滅，瞬息萬變，空無自性，「本來無一物」，從哪裏能找到一個固定不變的塵埃供人們去「時時拂拭」呢?!只要覺悟到這一點，便可立地成佛。這就是惠能的頓悟法門，為中國禪宗從理論上、方法上找到了一條超塵脱俗的捷徑。

次日，祖潛至碓坊，見能腰石舂米，語曰：求道之人，為法忘軀，當如是乎！乃問曰：米熟也未[1]？惠能曰：米熟久矣，猶欠篩在[2]。祖以杖擊碓三下而去。惠能即會祖意，三鼓入室。祖以袈裟遮圍，不令人見，為説《金剛經》，至「應無所住而生其心」，惠能言下大悟，一切萬法，不離自性。

注釋

1 米熟也未：以舂米為喻，詢問惠能悟道了沒有。

2 猶欠篩在：以篩子篩米為喻，惠能暗示自己思慮早已成熟，就差五祖弘忍點化開示或驗證肯定。

譯文

第二天，五祖悄悄地來到碓坊，看見我腰上綁著石頭正在費力地舂米，深有感觸地說：求道的人，為了正法忘卻身軀，正是應當這樣！

於是問我說：米熟了沒有？

我回答：米早就熟了，就差篩子篩一下了！

五祖用錫杖在碓上敲了三下而後離開，我當下領會五祖的心意，於是在當天晚上三更時分，來到了五祖的丈室。

五祖用袈裟把門窗遮圍起來，不讓別人看見，然後親自為我講解《金剛經》，當講到「應無所住而生其心」時，我當下大悟，明白了「一切萬法不離自性」的道理。

賞析與點評

六祖惠能一生有三次悟的經歷：第一次是他初聞《金剛經》心有所悟，第二次是初見弘忍大師時「獦獠是否有佛性」的一番對話，上段經文則是第三次悟道，聽五祖說《金剛經》至「應無所住而生其心」而大徹大悟。惠能三次悟道的核心內容是同一個，悟緣起性空之理，了知諸法無定相，這是萬法（包括人本身）的本性，悟此實相無相之理，便是開悟。

遂啟祖言：何期自性，本自清淨；何期自性，本不生滅；何期自性，本自具足；何期自性，本無動搖；何期自性，能生萬法。

譯文

我於是稟告五祖說：原來自性本來就是如此清淨的呀！原來自性本來就是沒有生滅的呀！原來自性本來就是圓滿具足的呀！原來自性本來就是沒有動搖的呀！原來自性本來就能生出萬法的呀！

賞析與點評

半畝方塘一鑒開，天光雲影共徘徊；
問渠那能清如許？為有源頭活水來。

——宋．朱熹

樹有根，水有源。只要清淨的水不斷從源頭流出來，那麼，塘水就會清澈見底，映照萬物。我們的真如自性心海如同塘水一樣，本來就是清淨的。然而，當我們接觸身外之物時，心被染污，貪嗔癡等煩惱由此而生，產生種種分別，「創造」一個以自我為中心的假有實無的現象世界來，心便成了污染之源；悟道如同清淨的活水之源，源源不斷地流進我們的心田，產生種種善法，因此說「自性能生萬法」。每一個人都有覺悟萬物空無自性的潛能，使自己的心得到淨化。這就是「人人皆有佛性」之含義。

祖知悟本性，謂惠能曰：不識本心，學法無益。若識自本心，見自本性，即名丈夫[1]、天人師、佛。

注釋

1 **丈夫：**原為成年男子的統稱，此處特指調御丈夫，佛十大名號之一，意為佛能調御一切可度之人。

譯文

五祖知道我已悟得自性，便對我說：不能認識自己的本來心，即使學習再多的佛法也沒有益處；如果能認識自己的本來心，見到自己的本來自性，即可稱為調御丈夫、天人師、佛。

賞析與點評

印度有一家電影院，常有戴帽子的女人去看電影。帽子擋住了後面觀眾的視線，招來不少抱怨，但是如果直接禁止戴帽子的女人入電影院，會惹來另外的麻煩。後來，電影院經理想出一個妙招。第二天，影片放映之前，銀幕上映出一則通告：本院為了照顧衰老有病的女客，可允許她們照常戴帽子，在放映電影時不必摘下。通告一出，所有女客都摘下了帽子。

原來，這個經理利用了一些女人怕別人說她們衰老有病的心理，讓她們在看電影時自願摘掉帽子。這說明，一念之間的思維，決定一個人的行動，進而影響一個人的命運。這就是心念的力量！而心念可分為「妄念」與「正念」兩種：妄念令人起惑造業而為凡夫，正念使人悟入般若空性，見性成佛。凡、聖全在一念間。覺悟萬物空無自性的本覺之心（正念），人人皆有，一旦啟動，便走上覺悟解脫大道，直至成佛。對「本心」的認識，成為惠能頓悟解脫法門的理論基點，「不識自心，學法無益」。

三更受法，人盡不知，便傳頓教及衣缽。云：汝為第六代祖，善自護念，廣度有情，流布將來，無令斷絕。聽吾偈曰：

有情來下種，因地果還生。
無情既無種，無性亦無生。

譯文

五祖弘忍三更時分傳授我佛法，人們都不知道。於是五祖把禪宗頓悟法門和衣缽傳給了我，說：你現在是第六代祖師，請善自珍重，好自護念，廣度天下有情眾生，將來廣泛流佈本門教法，不使它中斷失傳。聽我的偈吧。偈說：

有情來下種，因地果還生。
無情即無種，無性亦無生。

賞析與點評

六代傳衣到野僧，千年繼踵嶺南能，
椎椿日久工夫熟，祖宗堪挑無盡燈。
——古德

王舍城東有一老母，一見到釋迦牟尼佛就討厭，無論佛陀使用何種辦法，都無法化導她。最後，佛陀只能歎息說，「佛不度無緣之人」。洛陽白馬寺有一幅對聯正是表明此意，「天雨雖大，不潤無根之草；佛門雖廣，不度無緣之人。」弘忍的傳法偈對此有進一步的詮譯，「有情來下種，無情花即生；無情又無種，心地亦無生。」該偈以因果為基礎，說明傳法要傳給有善緣、有悟性的人。有緣的人是「因地」，才能生出「佛果」。無緣的人如同缺少向善的種子，無法覺悟到空性，自然不會長出佛果。五祖弘忍傳法給惠能時，他僅僅是一個在寺中做雜務的行者「俗人」，人稱野僧，但與明心見性的無上大法有緣，且能悟明自性，承擔大任，故五祖傳其衣鉢，禪宗也因他而得以發揚光大。

祖復曰：昔達磨大師，初來此土，人未之信，故傳此衣，以為信體，代代相承；法則以心傳心，皆令自悟自解。自古，佛佛惟傳本體，師師密付本心；衣為爭端，止汝勿傳；若傳此衣，命如懸絲，汝須速去，恐人害汝。

惠能啟曰：向甚處去？

祖云：逢懷[1]則止，遇會[2]則藏。

注釋

1 懷：懷集縣，今天的廣東懷集。

2 會：四會縣，今天的廣東新會。

譯文

五祖弘忍大師又說：當年達摩大師剛剛由印度來中土傳揚佛法的時候，人們都不相信他，所以留下這件袈裟，代代相傳，以為表證。頓教法門則是以心傳心，心心印證，都要自己求證得解脫。自古以來諸佛所傳都是以性體為根本，祖師代代相承也都是密付教法，識見本心。衣鉢實在是爭奪的禍端，到你這兒就不要再傳了，如果再傳這件袈裟，你的性命就如同繫千鈞於一髮。你必須趕快離開，恐怕有人要加害於你。

我問：往哪裏去呢？

五祖說：遇到帶「懷」字的地方就停下來，碰到帶「會」字的地方就隱居起來。

賞析與點評

衣鉢單傳為「禪」，並非佛家所獨有，而早在中國上古時期便有選賢任能的禪（shàn）讓制度：堯舜禹禪讓天下，成為千古美談；南北朝時，菩提達摩來中土傳授禪法，單傳六代至惠能，內傳心法，外傳衣鉢，以為信物，禪風大興於天下。不幸的是，後來帝王把天下當成自己的私有財產，戰爭不斷，情有可原；而在禪門中，修道人為了爭奪衣鉢而自相殘殺，令人感到不解。究其原因，兩者並無多大區別，帝王爭天下是因為我執，而禪門爭衣缽是因為法執。不為我爭，為法要爭便為法執，這正是修道的最大障礙。因此，五祖弘忍囑託不要再傳衣缽，從根本上消除禪門五代人因爭奪衣缽而造成的傷害。

惠能三更領得衣缽，云：能本是南中人，素不知此山路，如何出得江口？

五祖言：汝不須憂，吾自送汝。祖相送，直至九江驛。

祖令上船，五祖把艣自搖。惠能言：請和尚坐，弟子合搖艣。祖云：合是吾渡汝。

惠能云：迷時師度，悟了自度；度名雖一，用處不同。惠能生在邊方，語音不正，蒙師傳法，今已得悟，只合自性自度。

祖云：如是，如是！以後佛法，由汝大行，汝去三年，吾方逝世。汝今好去，努力向南，不宜速說，佛法難起。

譯文

我於三更時分領受了衣缽，說道：我原本是南方人，平日裏不了解這裏的山路，怎麼能離開到江口去呢？

五祖說：你不需要擔憂，我會親自送你的。

五祖一直送我到九江驛（今江西九江），讓我上船。然後五祖抓起櫓親自搖起來。

我說：和尚請坐！應該是弟子搖櫓。

五祖說：應該是我度你到彼岸。

我說：迷的時候由師父度，悟了就要自己度自己；同樣是一個「度」字，他度與自度，功用則不同。我生長在偏遠的地方，連語言發音都不正確，承蒙師父傳授心法，現已開悟，應該以自己本心自己度自己了。

五祖說：是這樣！是這樣！以後佛法要靠你廣為流佈了。你離開後三年，我才會離開人世。你從今往後，應善自珍重，好生離去，奮力向南方走，不要急於說法，因為這些年內佛法很難興盛起來。

賞析與點評

修行容易遇師難，不遇明師總是閒；
自作聰明空費力，盲修瞎練也徒然。
——明．憨山德清

明末四大高僧之一的憨山德清（一五四六——一六二三）在詩中表示，人在修行的過程中難免會有迷惑，如果得不到明師指點，如盲人騎瞎馬，夜半臨深池，十分凶險。韓愈（七六八——八二四）在《師說》中也表達了相同的意思：「古之學者必有師。師者，所以傳道、授業、解惑也。」年幼無知的孩童，需要老師啟蒙才能走出迷茫，進入知識的殿堂。明師固然很重要，然而，學業的好壞，更須看學生自己的努力。對一個修行人也是如此，師父領進門，修行在個人。惠能因而說：「迷時師度，悟了自度。」

惠能辭違祖已，發足南行。兩月中間，至大庾嶺[1]，（五祖歸，數日不上堂。眾疑，詣問曰：和尚少病少惱否？曰：病即無。衣法已南矣。問：誰人傳授？曰：

能[2]者得之。衆乃知焉，）逐後數百人來，欲奪衣鉢。
一僧俗姓陳，名惠明。先是四品將軍，性行粗糙，極意參尋，為衆人先，趁及
惠能。惠能擲下衣鉢於石上，云：此衣表信，可力爭耶？
能隱草莽中。

注釋

1 大庾嶺：在今天江西大庾南、廣東南雄北，是五嶺之一。相傳漢武帝時，有庾姓將軍築城於此，因名大庾嶺，又稱庾嶺。

2 能：一語雙關，有能力者，或惠能。

譯文

我辭別了五祖之後，拚命往南走。不到兩個月，抵達了大庾嶺。這時，後面跟隨追蹤而來的有幾百人，都想來搶奪衣鉢。

一個僧人俗姓陳，叫惠明，以前是四品將軍，性格行為比較粗魯，正極力地追蹤尋找，他跑到最前面，追趕上了我。我將衣鉢扔在石頭上時自思：這件袈裟是法的表徵，豈可用武力來爭奪？

我於是隱藏在草叢中。

賞析與點評

研究哲學在古希臘是很崇高的職業，很多年輕人來找大哲學家蘇格拉底學習。一個年輕人來了，想要學習哲學。蘇格拉底一言不發，帶他來到一條河邊，突然用力把他推到了河裏。年輕人起先以為蘇格拉底在跟他開玩笑，並不在意。結果蘇格拉底也跳到水裏，並且拚命地把他往水底按。這下子年輕人真的慌了，求生的本能令他拚盡全力將蘇格拉底掀開，爬到岸上。年輕人不解地問蘇格拉底為什麼要這樣做。蘇格拉底回答說：「我只想告訴你，做任何事情都必須有絕處求生那麼大的決心，才能獲得真正的成就。」

惠能得法後，受人迫害，遭人追殺，久經磨難，激發出生命的潛能，最終大徹大悟，而成六祖。從這種意義上講，苦難是人生最寶貴的財富，逆境是磨練人的最高學府。孟子說：「天將降大任於斯人也，必先苦其心志，勞其筋骨，餓其體膚，空乏其身，行拂亂其所為，所以動心忍性，增益其所不能。」

惠明至，提掇不動，乃喚云：行者！行者！我為法來，不為衣來。惠能遂出，盤坐石上。

惠明作禮云：望行者為我說法。

惠能云：汝既為法而來，可屏息諸緣，勿生一念，吾為汝說。明良久。惠能云：不思善，不思惡，正與麼時，那個是明上座本來面目？

惠明言下大悟。

譯文

惠明追來後，卻怎麼也提不起石頭上的袈裟，於是大喊道：行者，行者，我是為佛法來的，不是為袈裟而來！

我便從草叢裏走出來，盤腿坐在石頭上。

惠明向我行禮並說：懇望行者為我宣講佛法。

我說：你既為求法而來，那麼，心中的一切雜念皆應放下，不可向外攀緣，我便為你講說佛法。

惠明沉默靜心很久，我才說：不要思量善或惡，正當此時，看看你的本來面目是什麼？

惠明聽了立刻大悟。

賞析與點評

無善無惡心之體，有善有惡意之動。
知善知惡是良知，為善去惡是格物。

——明．王陽明

據《國語．齊語》記載，春秋時期齊襄公被殺後，公子糾與公子小白為了繼承王位分別快馬加鞭地趕回齊國。途中，管仲（公子糾的師傅）暗中設伏，用箭射殺公子小白，然後不慌不忙護送公子糾回到齊國。怎知詐死的公子小白此時早已當上了齊國國君，是為齊桓公。齊桓公對管仲的一箭之仇耿耿於懷，本打算處死管仲，這是「思善、思惡」的思維在起作用。後來，齊桓公聽從鮑叔牙的規勸，不但無罪釋放了管仲，還任命他為相，也因此成就了自己的霸業。

三祖在《信心銘》說：「至道無難，唯嫌揀擇，但莫憎愛，洞然明白。」（T36.282b29-30）人與人相處，難免會有衝撞、過節、恩怨，一有愛憎的心，就有「愛之欲其生，惡之欲其死」的心態，甚至有「順我者昌，逆我者亡」的偏見，十分可怕。如果我們能依三祖所說，知善與惡而不糾纏、不分別、不計較、不存愛憎，學會不計前嫌，放下過去的恩怨，去除執善、執惡的妄念，超越善、惡，回到當下這一念，就比較容易看清自己的本來面貌。這正是惠能引導惠明「不思善，不思惡」的本意。慧明因而成為惠能的第一位弟子。

復問云：上來密語密意外，還更有密意否？

惠能云：與汝說者，即非密也；汝若返照，密在汝邊。

明曰：惠明雖在黃梅，實未省自己面目。今蒙指示，如人飲水，冷暖自知。今行者即惠明師也。

惠能曰：汝若如是，吾與汝同師黃梅，善自護持。

明又問：惠明今後向甚處去？

惠能曰：逢袁[1]則止，遇蒙[2]則居。

明禮辭。（明回至嶺下，謂趁眾曰：向陟崔嵬，竟無蹤跡，當別道尋之。趁眾咸以為然。惠明後改道明，避師上字。）

注釋

1 袁：江西袁州，今屬江西宜春縣。

2 蒙：袁州蒙山，今天的江西宜春，惠明後來居住在這裏。

譯文

惠明又問：除了剛才所說的密語密意之外，還有什麼密意嗎？

我說：和你說了的，就不是秘密。你如果能夠憑藉智慧返觀本心，妙法就在你那一邊。

惠明說：惠明雖一直在黃梅修行，其實從未認識自己本來面目。今天承蒙指示，就像人喝水一樣，是涼是熱只有自己知道。從今以後，你就是我惠明的師父了！

我說：你如果這麼想，那我和你都共同以五祖弘忍為師吧，今後好好護念修持。

惠明又問：惠明我今後應該往哪裏去？

我說：你遇到地名中有「袁」字的地方就可以停下來，遇到地名中有「蒙」字的地方則可以居住下來。

惠明於是行禮並辭行。

賞析與點評

八年三月晦，山梨花滿枝。龍門水西寺，夜與遠公期。
晏坐自相對，密語誰得知。前後際斷處，一念不生時。

——唐．白居易

白居易於八三四年（唐文宗大和八年）三月，在一路朵朵梨花的伴隨下來到龍門水西寺，半夜夢中與淨土宗初祖慧遠見了面，兩人靜靜對坐，雖無言，卻有意，以心印心，其中「密語」，誰能知曉?!白居易在該詩中領悟到語言文字的局限性，語言文字只能表達我們所熟知的事物和意念，而聖者們體悟的空性、中道實相、涅槃等意境，是超越凡情的經驗，只能意會，不能言傳，而成「密意」。故惠能云：「與汝說者，即非密也。」然而，在靜坐時達到不執前念之事，不幻想未來之物，專注當下，妄念不生之時，當下就能體會到「密語」的內涵，如人飲水，冷暖自知。所以惠能說：「汝若返照，密在汝邊。」

惠能後至曹溪，又被惡人尋逐。乃於四會，避難獵人隊中，凡經一十五載，時與獵人隨宜說法。獵人常令守網，每見生命，盡放之。每至飯時，以菜寄煮肉鍋。或問，則對曰：但吃肉邊菜。

譯文

我後來來到了曹溪山，卻又被惡人尋到，只得逃難到四會，隱藏在獵人隊伍中，韜光養晦，以待機緣。十五年中，我常常根據獵人們的不同情況，隨順人們的根性而給他們隨宜講法。獵人們經常讓我在捕獸的網邊看守，每當看到有動物落入網中，我都將牠們放生。每次到了吃飯的時候，我總是把蔬菜放在肉鍋裏煮熟了吃。有時被問到為什麼這樣做，我就回答：我只吃肉鍋裏的菜。

賞析與點評

猶如蓮花不著水，亦如日月不住空。
但教方寸無諸惡，虎狼叢中也立身。

——五代·馮道

惠能先回到韶州曹溪，仍被惡人追逐，受盡磨難，命如懸絲，不得不逃難至四會、懷集一帶，避難於獵人之間，先後經過十五年，生活極不方便，只能吃「肉邊菜」。這一事實表明，素食還是肉食，沾不沾葷腥，不是問題的核心，最關鍵是要有一顆慈悲護生的心。更重要的是，心淨之人，無論身處何處，不但不為其所染，更能隨機化物，安身立命，其境界之高，正如中國大規模官刻儒家經籍的創始人馮道（八八二—九五四）在以上偈頌中所表達的那樣。

一日思惟：時當弘法，不可終遁。遂出至廣州法性寺，值印宗[1]法師講《涅槃經》。時有風吹幡動，一僧曰，「風動」，一僧曰，「幡動」，議論不已。惠能進曰：不是風動，不是幡動，仁者心動[2]。一眾駭然。印宗延至上席，徵詰奧義。見惠能言簡理當，不由文字。宗云：行者定非常人。久聞黃梅衣法南來，莫是行者否？

惠能曰：不敢。

宗於是作禮，告請傳來衣缽，出示大眾。

注釋

1 印宗（六二七—七一三）：唐代高僧，於廣州法性寺宣講《涅槃經》，遇六祖惠能，始悟玄理，而以惠能為傳法師，八十七歲示寂。

2 仁者：對人之敬稱。

譯文

終於有一天，我思慮：該是弘法的時候了，不能一直這樣隱遁下去。於是我離開四會來到廣州法性寺（今光孝寺），正好碰上印宗法師在講《涅槃經》。這時一陣風吹來，旌旗開始飄動，有一個僧人說：如果沒有風，幡子怎麼會動呢？所以說是風在動，不是幡子動。另一個僧人說：沒有幡子動，又怎麼知道風在動呢？所以應該是幡子在動。雙方於是爭論不休。我走上前對他們說：不是風動，也不是幡動，而是兩位仁者的心在動啊！

在場的僧人都驚訝不已。

印宗法師於是將我請到上席就座，提問求證佛法深奧的大意。我所說的都簡單明白，句句如理，不拘泥於文字。印宗說：行者一定不是尋常的人。我早就聽說黃梅五祖的大法南來，莫非就是仁者？

我說：不敢當。
印宗於是向惠能行禮，請求惠能將五祖弘忍大師所傳的袈裟取出來展示給大家看。

賞析與點評

美國福特汽車公司要排除一台大型發動機的故障，請了很多人都束手無策，最後請來了德國著名的電機專家斯坦門茨。斯坦門茨圍著機器轉了兩圈後，用粉筆在電機外殼的某處畫了一個「×」，然後告訴公司負責人：把記號處的線匝減少十六匝。難題迎刃而解，斯坦門茨索要了一萬美元的報酬。

許多人不解地議論紛紛，說畫一個「×」就要一萬美元，實在是太貴了。斯坦門茨回答道：用粉筆畫一個「×」，值一美元，知道在哪裏畫「×」，值九千九百九十九美元。此語一出，眾人皆默然。

同理，惠能自二十四歲得五祖傳授衣缽，成為六祖，又經過十五年的磨鍊，終於因緣成熟，來到廣州法性寺（即光孝寺），一句「仁者心動」，一鳴驚人，一舉奠定其作為一代宗師的地位。說出「仁者心動」這四字並不難理解，難就難在他通過十五年的修證才悟出這一真理：心中不僅有執著的妄心（人心），也有清淨無染的真心（佛心）；妄心起執著而生諸相，真心自淨其意而成佛果。換而言之，一念之間的妄心、真心（佛性），是成凡、成聖的關鍵，是惠能禪學思想的核心要素。

宗復問曰：黃梅付囑，如何指授？

惠能曰：指授即無，惟論見性，不論禪定、解脫。

宗曰：何不論禪定、解脫？

能曰：為是二法，不是佛法。佛法是不二之法。

宗又問：如何是佛法不二之法？

惠能曰：法師講《涅槃經》，明佛性，是佛法不二之法。如高貴德王菩薩白佛言：「犯四重禁，作五逆罪，及一闡提[1]等，當斷善根佛性否？」佛言：「善根有二：一者常，二者無常。」佛性非常非無常，是故不斷，名為不二；一者善，二者不善，佛性非善非不善，是名不二。蘊之與界，凡夫見二，智者了達其性無二，無二之性即是佛性。

注釋

1 **一闡提**：只做壞事，不做好事之人，八識田中無任何善種子，是斷滅一切善根之人。

譯文

印宗又問：黃梅五祖弘忍大師所傳付的衣缽教法究竟是如何說的？

我說：並沒有說什麼，只是探究如何明心見性，而不提倡通過修禪習定得解脫。

印宗問：為什麼不提倡修禪習定得解脫呢？

我說：因為修禪習定求解脫是有分別、有對待的法，不是佛法。佛法是不二之法。

印宗又問：什麼是佛法的不二之法呢？

我說：法師你講《涅槃經》，知道識見佛性是佛法的不二之法。比如光明普照高貴德王菩薩對佛說：「犯了殺生、盜竊、邪淫、撒謊的四種根本戒；犯了殺父、殺母、殺阿羅漢、分裂僧團和傷害佛身體的五逆罪，還有不信佛法，斷絕一切善根，不解成佛的一闡提等等，應該是斷絕佛性和善根了嗎？」佛陀說：「善根有兩種，一是常，二是無常。」佛性不是常，也不是無常，因而說為不斷，這就是佛法的不二之法；一是善，二是不善，佛性是非善也非不善，這就是佛法的不二之法。同理，五蘊與十八界，凡夫俗子看到的是二元差別相，而有智慧的人了解通達它的本性無二無別，無二無別的性就是佛性。

賞析與點評

據《央掘摩羅經》（T2.512b-521c）記載，無惱指鬘本是一名才貌雙全的優秀學生，因拒絕師母色誘而遭橫禍。其師在妻子的迷惑下，設計陷害他：你若能在七日內殺一千人，割下每人的一根手指，編成手指花環，便可升天。無惱指鬘信以為真，喪失本性，見人就殺，七日內連殺九百九十九人，連生母也不放過。此時佛陀及時現身，引導他恢復本性。無惱指鬘聞佛教誨，悔過自責，從此皈依佛門，篤志修行，證得阿羅漢果。

無惱指鬘本是殺人如麻的惡魔，經佛祖點化，也能「放下屠刀，立地成佛」。這一事實表明，善、惡無定性，轉換一念間。若把善與惡看成是客觀存在的對立面，便落入「凡夫見二」之中。事實上，好與壞、成與敗、禪定與解脱等相對存在的概念，如同一枚硬幣的兩面，互為條件，沒有固定不變的自性。惠能因而説，「佛法是不二之法」。若能領悟此理，便是見性。正如惠能云，智者了達其性無二，無二之性即是佛性。

印宗聞說，歡喜合掌，言：某甲講經，猶如瓦礫；仁者論義，猶如真金。於是為惠能剃髮，願事為師。惠能遂於菩提樹下，開東山法門[1]。

注釋

1 東山法門：五祖弘忍住蘄州黃梅之黃梅山，其山在縣之東部，因而叫作東山，四祖道信、五祖弘忍在此所弘法，稱為「東山法門」。

譯文

印宗聽了這些講說之後，心中歡喜，恭敬地合掌禮拜，說：我對佛教經典的講解就像磚瓦土塊一樣毫無價值；而仁者您談論佛法大義，就如同純金一樣令人珍惜。於是為我削髮剃度，並希望拜我為師。我於是就在菩提樹下，開講五祖弘忍傳授下來的頓悟教法。

賞析與點評

印宗聽了惠能「無二之性即是佛性」的論說，心靈受到極大的震撼，大庭廣眾之下懇請惠能收他為徒。而此時的惠能只不過是與獵人為伍的「俗人」！印宗看似怪異的行為，其實與佛陀的教誨相通。據《大寶積經》記載，佛陀臨終時留下遺言，他滅度後，弟子應依止「四依法」，「依義不依語，依智不依識，依法不依人，依了義經不依不了義經。」（T11.478a10-12）其中，印宗所行是「依法不依人」。一個人對宇宙人生真相的了解，取決於內心的感悟，而與外在的職業、身份、長相關係不太大。印宗拜師後便為惠能剃髮，惠能才算正式出家。此時惠能三十九歲，該年為唐儀鳳元年，公元六七六年。

惠能於東山得法，辛苦受盡，命似懸絲。今日得與使君、官僚、僧尼、道俗同此一會，莫非累劫之緣，亦是過去生中供養諸佛，同種善根，方始得聞如上頓教得法之因。教是先聖所傳，不是惠能自智。願聞先聖教者，各令淨心，聞了各自除疑，如先代聖人無別。

一眾聞法，歡喜作禮而退。

譯文

我自從在弘忍大師那裏得傳教法，受盡了辛苦，生命總是危在旦夕。今天能夠和韋刺史、各位官員、諸位僧尼道俗在這裏相聚於法會，是許多劫以來積下的緣分成就的，也是過去世中供養禮敬佛菩薩，一同種下了善根，才有今天聽聞佛門無上的頓教法門和我獲得教法經歷的因由。此頓教法門都是歷代佛祖所傳授的，並不是我惠能個人的智慧。希望傾聽先聖教諭的，都讓自己內心清淨，聽了教諭之後，各自去除心中癡疑惑障，那樣就和先聖前賢們沒什麼區別了。

大眾聽了教法，內心歡喜，禮拜之後退了出去。

賞析與點評

《雜阿含經》云：「云何緣起生法？謂無明、行。若佛出世，若未出世，此法常住，法住法界。彼如來自所覺知，成等正覺，為人演說開示顯發。」（T2.84b16-21）。這段經文顯示，緣起性空是宇宙人生自然運行的規律。無論釋迦牟尼是否成佛，這個規律都存在。釋迦牟尼覺悟此規律而成佛，推而廣之，任何人都可以覺悟這一規律而成為聖者。因此惠能在本品最後提醒大眾，悟緣起性空是頓悟的內容，這一法門不是他自創的，而是古德傳下來的修道方法，是先聖所傳，不是惠能自智。

般若品第二

本篇導讀——

菩提達摩以《楞伽經》印心（《景德傳燈錄》，T51.221b6-7），該經中自性清淨的如來藏思想一直是禪宗的核心元素。然而，自三祖僧璨起，禪宗逐漸傳至三論宗盛行的南方地區，般若性空的思想越來越受到禪門的重視。到了五祖弘忍時期，《金剛經》成為禪修者必學之佛經。在本品中，六祖惠能以當下這一念，巧妙地將《楞伽經》的「自性清淨」思想與般若經典中的空、有不二的「中道實相」結合在一起，以「凡夫即佛，煩惱即菩提」、「前念迷即凡夫，後念悟即佛」、「前念著境即煩惱，後念離境即菩提」等教法，闡釋禪修的關鍵是當下一念的轉迷成悟，「不悟，即佛是眾生；一念悟時，眾生是佛。」一切佛法都在人自心之中，「以智慧觀照，於一切法，不取不捨，即是見性成佛道。」以此來展示頓教法門的宗旨：在自心之中當下頓見真如本性。

次日，韋使君請益[1]。師升座，告大眾曰：總淨心念「摩訶般若波羅蜜多」。復云：善知識！菩提般若之智，世人本自有之；只緣心迷，不能自悟，須假大善知識，示導見性。當知愚人智人，佛性本無差別，只緣迷悟不同，所以有愚有智。吾今為說摩訶般若波羅蜜法，使汝等各得智慧。志心諦聽！吾為汝說。

注釋

1 請益：本為《禮記》、《論語》中的用語，即學人請示老師教誨的意思。在佛教中，多指弟子受教後，就尚未透徹明白的地方，再進一步向老師請教，稱之為請益。

譯文

第二天，韋刺史請六祖惠能繼續講法，大師於講壇上就座，對大家說：讓我們一起心靜下來念誦「摩訶般若波羅蜜多」。

又說：善知識！菩提般若智慧，世人本來都有，只是由於自性蒙昧迷惑，而不能自我開悟，必須借助極富有智慧的大善知識開示引導，才能見到自己的本性。大家應該知道，不論愚人還是智人，大家的佛性本來沒有差別，只是因為迷、悟之不同，所以才有了愚人和智人之分。

我現在為你們說摩訶般若波羅蜜法，讓大家各自得以開發智慧，用心仔細傾聽，我來為你們講。

賞析與點評

橫看成嶺側成峰，遠近高低各不同；
不識廬山真面目，只緣身在此山中。

——宋．蘇東坡

蘇東坡與照覺禪師論道，談及「情與無情，同圓種智」，忽有省悟，因而作「參禪前」、「參禪時」、「參禪悟道後」三偈，表明心得。以上偈頌描述的是參禪前的境界，人在連綿起伏的深山中，醉心於青山綠水，怎能看清「廬山真面目」?!同樣，人在紅塵、官場中，被名、利所包圍，沉迷於滾滾紅塵中的財色名食睡，怎能看透人生真相?!「不畏浮雲遮望眼，只緣身在最高層」。王安石登上飛來峰的感受是，人站在山的最高峰，浮雲遮不住我們一睹全山風貌的目光；同樣，一個人在名師的指點下，境界到達一定的高度，就能透過現象看到宇宙人生的本質，即「菩提般若之智，世人本自有之，只緣心迷，不能自悟，須假大善知識，示導見性」。

善知識！世人終日口念般若，不識自性般若，猶如說食不飽。口但說空，萬劫[1]不得見性，終無有益。

注釋

1 萬劫：世界經歷成、住、壞、空一萬次所需時間，表示時間極長。

譯文

善知識！世人一天到晚口說般若，卻沒有意識到自我本性中本有的般若智慧。就如同飢餓的人，口中論述各種美食，卻不能解決飢餓問題。同理，如果整天只是口說般若空理，而沒有實踐，雖歷經萬劫，也永遠不能明心見性，終究無法受益。

賞析與點評

一天，蘇格拉底從每個學生面前走過時，都會停下來晃動手中的蘋果，並提醒學生集中精力觀察，專注空氣中有何氣味。學生一一嗅過蘋果後，蘇格拉底回到講台上，舉起手中的蘋果問：「蘋果是何味道？」學生一一舉手，有的說：「我聞到了，是香味兒！」有的說，甜甜的，是蘋果的味道。只有一個學生一臉迷茫，懷疑自己的嗅覺出了問題。蘇格拉底一臉嚴肅地說，非常遺憾，這是一枚假蘋果，什麼味兒也沒有。

對真如、自性、般若、實相、涅槃、菩提、法身、本性等名相，不少人越學習越有興趣，越研究越著迷，覺得佛法義理博大精深，妙不可言。其實，佛教的名相如同蘇格拉底手中的假蘋果，一個人無論如何研讀，也無法體會其中之味。見不到萬法空之本性，又如何能從中受益？因此，惠能說：「口但說空，萬劫不得見性，終無有益。」

善知識！「摩訶般若波羅蜜」是梵語，此言「大智慧到彼岸」。此須心行，不在口念。口念心不行，如幻、如化、如露、如電；口念心行，則心口相應。本性是佛，離性無別佛。

譯文

善知識！「摩訶般若波羅蜜」是梵語，翻譯成中文就是用大智慧度到彼岸。這必須要從內心去悟證，而不是口頭上說就行了。如果只是口說而心不行，一切將如同夢幻泡影，如露如電，空說般若而無所得。如果口念而且心行，心口一致，相互契合，就能覺悟到人人本具的清淨自性就是佛，離開自性無別佛。

賞析與點評

學道容易悟道難，不下功夫總是閒；
能信不行空費力，空談論說也徒然。
——明．憨山德清

看菜譜單不等於會炒菜，看「游泳大全」並不等於會游泳，談經論道不等於悟道。了知般若智慧，並不等於擁有它。「知」是一回事，「行」又是一回事。知（學）的目的在於行（習），行是知的歸宿和落腳點，知行同一方近於道。只有做到了王陽明所提倡的「知行合一」，才能真正擁有般若智慧。

何名「摩訶」？「摩訶」是大，心量廣大，猶如虛空[1]，無有邊畔，亦無方圓大小，亦非青黃赤白，亦無上下長短，亦無嗔無喜，無是無非，無善無惡，無有頭尾。諸佛剎土，盡同虛空。世人妙性本空，無有一法可得；自性真空，亦復如是。

注釋

1 虛空：虛無形質，空無障礙，故名虛空。佛教中往往以虛空譬喻廣大無邊。

譯文

什麼叫「摩訶」呢？「摩訶」意譯為「大」，指菩提心量廣大無邊，就像虛空一樣，沒有邊際，也沒有方圓大小、青黃赤白、上下長短、嗔怒喜樂、是非善惡、頭尾等對待分別。一切諸佛國土，都如同虛空一樣。世人的靈妙真如本來也是空無自性，並無一法可得。推而廣之，我們的自性真如，也是如此，廣大無邊，無形無相，真空妙有。

賞析與點評

有一天，宋太宗與兩個重臣一起喝酒，他們邊喝邊聊，兩臣喝醉了，竟在皇帝面前相互比起功勞來，他們越比越來勁，乾脆鬥起嘴來，完全忘了在皇帝面前應有的君臣禮節。侍衛在旁看著覺得實在不像話，便奏請宋太宗，要將這兩人抓起來送吏部治罪。宋太宗沒有同意，只是草草撤了酒宴，派人分別把他倆送回了家。第二天上午他倆都從沉醉中醒來，想起昨天的事，惶恐萬分，連忙進宮請罪。宋太宗看著他們戰戰兢兢的樣子，輕描淡寫地說：昨天我也喝醉了，記不起這件事了。

雨果曾說過，世界上最寬廣的是海洋，比海洋更寬廣的是天空，比天空還要寬廣的是胸懷。胸懷有多寬廣，取決於人們對事物本質的認識。宋太宗對臣下有深刻的了解，認為他們的話是酒後狂言，心中自然無事，寬恕臣下也是自然的事。同理，一個人若能悟入空性，了知喜怒哀樂、是非善惡皆無固定不變的自性，何事放不下?!心胸自然會像虛空一樣寬廣。惠能因而說：「心量廣大，徧周法界。」

善知識！莫聞吾說空，便即著空。第一莫著空。若空心靜坐，即著無記空[1]。善知識！世界虛空，能含萬物色像，日月星宿，山河大地，泉源溪澗，草木叢林，惡人善人，惡法善法，天堂地獄，一切大海，須彌諸山[2]，總在空中。世人性空，亦復如是。

注釋

1 無記空：如同土木金石一般對善、不善皆不辨不知，空無一物。

2 須彌諸山：佛教的宇宙觀主張，三千世界為一佛的化境，以須彌山為中心。

譯文

善知識！不要聽我談論空，便又執著於空。修禪的第一要務就是不要執著於對空的追求；如果一味什麼也不想，雖無善惡分別，但又落入虛妄的無記空了！

善知識！世界虛空，卻能包含萬物：日月星辰、山河大地、泉源溪澗、草木叢林、惡人善人、惡法善法、天堂地獄、所有的大海、須彌山及其周圍的山，都全部含納於虛空之中。世人的妙性真空、含藏萬法也是如此。

賞析與點評

為了盡快成佛，一休和尚獨自一人「空心靜坐」，對發生在身邊的任何人和事都毫無興趣。他的師父對此十分擔憂，便領他出寺散心，天快黑的時候才一起回寺院。

剛入寺門，師父突然跨前一步，輕掩兩扇木門，把一休關在了寺外。一休只能獨坐在門外，苦思冥想師父的用意。天色愈來愈暗，霧氣籠罩了四周的山崗，樹林、小溪、野花、小鳥慢慢地消失在夜幕中。

這時，寺門打開了，師父開口問：「你在外面看到什麼？」

一休回答道：「全黑了，什麼也沒有。」師父堅定地說：「不，外面的清風、樹林、野花、小草、小溪，都還在，一樣不少。」一休忽然領悟了師父的苦心。

一休苦修靜坐，是「空心靜坐」，已「著無記空」。其師及時點醒他，通過禪修生般若空慧，其目的不是刻意讓心完全「空」掉，去追求空無一物的虛無主義，否定客觀事物的存在，而是「空」去我們對身外之物、名相等的執著，進而遠離空有、斷常二邊之見，領悟「真空不礙妙有」的道理，契入中道實相。

善知識！自性能含萬法是大，萬法在諸人性中。若見一切人惡之與善，盡皆不取不捨，亦不染著，心如虛空，名之為大，故曰摩訶。

譯文

善知識！自性能含藏一切萬法，這就是大。萬法就在個人的自性之中。如果看到一切人的善與惡，都能夠不生取捨之心，也不被沾染，不起執著，此時心境朗照如同虛空一樣，就名之為大，所以稱為「摩訶」。

賞析與點評

顏淵向孔子問「仁」。孔子回答說，「克己復禮為仁」。顏淵還是有點不明白，請孔子解釋得詳細一點。孔子說：「非禮勿視，非禮勿聽，非禮勿言，非禮勿動。」如何才能做到這一點呢？六祖惠能有高招，若見一切人惡之與善，盡皆不取不捨。不取不捨，不等於說我們沒有看見，更不是不去辨別善與惡，而以般若之智參透是非、善惡，了無自性，實無一物讓人們去執著。這樣，我們的心胸就如同虛空一樣寬廣。這就是摩訶之本意。

善知識！迷人口說，智者心行。又有迷人，空心靜坐，百無所思，自稱為大。此一輩人，不可與語，為邪見[1]故。

注釋

1 邪見：因不信因果，認為惡不足畏，善亦不足喜。

譯文

善知識！執迷不悟的人終日只會口頭說「空」，覺悟的智者則用心體悟「空」義。還有一種迷而未悟的人，棄絕思考，死心靜坐，不思一物，自以為這就是「大」。這一種人，不能與之講說摩訶般若之法，因為他們已經落入了邪見的謬誤。

賞析與點評

六隻蜜蜂和同樣數目的蒼蠅被裝進一個玻璃瓶中，瓶子平放，瓶底朝向窗戶。蜜蜂不停地想在瓶底上找到出口，直到力竭倒斃或餓死；而蒼蠅則會在不到兩分鐘之內，穿過另一端的瓶頸逃逸一空。

蜜蜂以為，囚室的出口必然在光線最明亮的地方，結果無論如何努力，也逃不出悲劇的命運。同樣，有些修道人如同蜜蜂一樣，認定通過「空心靜坐」，斷絕一切念頭（百無所思），是通往成佛的光明大道。豈不知這種思維早已落入空見中，越努力越苦，越苦他越堅持，且帶有幾分悲壯。這都是邪見引起的惡果。

善知識！心量廣大，徧周法界[1]。用即了了分明，應用便知一切。一切即一，一即一切。去來自由，心體無滯，即是般若。

注釋

1 法界：法泛指宇宙萬有一切事物，都能保持各自的特性，各守其不同的界限，因而能成為人們意識所緣之境。

譯文

善知識！心量就像虛空一樣，周遍整個法界，寬廣無比。禪修時必須明明白白地觀照每一個念頭，運用它時能清清楚楚地了知一切事物。一切事物皆含藏於一心中，而一心能衍生萬法。若能領悟這一點道理，你就能夠去來自由，心體無滯，沒有障礙了。這就是般若智慧。

賞析與點評

商紂王在剛開始請工匠用象牙為他製作筷子的時候，他的叔父箕子就表示擔憂：既然你使用了稀有昂貴的象牙作筷子，與之相配套的杯盤碗盞必然會換成用犀牛角、玉石打磨出來的精美器皿，而且山珍美味才有資格放入這樣昂貴的器皿。緊接著，在盡情享受美味佳餚之時，你必然會換上一套又一套的綾羅綢緞，並且住進雄偉的樓閣之中。如此，奢靡之風沒有休止。

事實上，紂王因當初一念虛榮，只用了五年光景就一步步演變到窮奢極欲、荒淫無恥的地步，最後終於被周武王剿滅。這就是惠能所說的「一切即一，一即一切」。「一」為一心，分妄心和淨心兩種。妄心演化出一個人千差萬別的行為，招來相應的感受果報；而覺悟般若性空的清淨心則會善用世間一切法而不執著，衍生出種種善法，引導人通往成佛之路。

善知識！一切般若智，皆從自性而生，不從外入，莫錯用意，名為真性自用，一真一切真。心量大事[1]，不行小道[2]。口莫終日說空，心中不修此行，恰似凡人自稱國王，終不可得，非吾弟子。

善知識！何名般若？般若者，唐言[3]智慧也。一切處所，一切時中，念念不愚，常行智慧，即是般若行。一念愚即般若絕，一念智即般若生。世人愚迷，不見般若。口說般若，心中常愚；常自言：我修般若。念念說空，不識真空。般若無形相，智慧心即是。若作如是解，即名般若智。

注釋

1 心量大事：開發真如心量，是轉迷開悟的大事。

2 小道：指空心靜坐等。

3 唐言：中國話。六祖是唐朝人，唐時人所譯語，故稱唐言。

譯文

善知識！一切般若智慧，都是從自性中生出來的，而不是從身外得來的。千萬不要錯用了心思！這就叫作真性自用。自性清淨了（一真），萬法皆真如（一切真）。

開發真如心量，是轉迷開悟的大事，不要在空心靜坐等小道上白費功夫，更不要整天口中說空，而心中不修真空之行！這就好像一個平民百姓，自稱自己是國王，終究不是真的。這種人不是我的弟子。

善知識！什麼叫作般若？「般若」是梵語，漢譯為「智慧」。在日常的一切處、一切時中，念念都不癡迷愚昧，而能常以智慧觀照我們的一言一行，這就是般若行。一念無明愚癡生起，就盡失般若；一念轉迷成悟，就能生出般若。世人愚迷不悟，無法見到般若智慧。雖然嘴上談論般若，心中卻時時愚迷不悟；雖然常常自稱自己在修行般若，念念說空，卻不認識真空的道理。般若智慧沒有形相可說，智慧心就是無形無相而又不落斷滅的般若實相。若能作如是理解，就稱為般若智。

賞析與點評

終日尋春不見春，芒鞋踏破嶺頭雲；
歸來偶把梅花嗅，春在枝頭已十分。

——唐·無盡藏

無盡藏比丘尼翻山越嶺，參訪名師，期盼獲得般若智慧（尋春），卻一無所獲。無奈之下回到住處，無意間看到窗前梅花盛開，春意盎然，當下領悟到，只要留心觀察，春天無處不在，哪裏需要跋山涉水尋求？同理，明心見性這等大事，根本無法通過「空心靜坐」追尋得，而應從內心去覺悟。因為般若空慧如同溶解於水中的鹽，它無形無相，眼睛看不到它，嘴巴講不出它，但它無處不在，用心就可以感知它。正如六祖惠能說：「般若無形相，智慧心即是。」

何名波羅蜜？此是西國語，唐言「到彼岸」，解義「離生滅」。著境生滅起，如水有波浪，即名為此岸；離境無生滅，如水常通流，即名為彼岸，故號波羅蜜。

譯文

什麼是波羅蜜？這是印度語，漢譯為「到彼岸」，其義為「斷絕生滅」。心若執著身外之物（著境），生滅的心念就會產生，如同水中波浪起伏不定，這就叫作「此岸」；心若不攀緣外境，好比流水暢通無礙，生滅便無由現起，就叫作「彼岸」，所以叫「波羅蜜多」。

賞析與點評

有個老人用心栽種了許多精美盆景，人見人愛。一天，他要出遠門，走前交待兒子細心照顧這些盆景。兒子在澆水時一不小心碰倒了花架，不少盆景被打碎，兒子非常害怕，準備等父親回來後接受處罰。可老人知道此事後，不但沒有責備兒子，反而說：栽盆景是用來欣賞和美化家裏環境的，不是為了生氣的。

對於普通人而言，心愛之物受到損壞，「著境生滅起」，「如水有波浪」，惱怒之心隨之而起。結果是損壞東西的人受到責罰，自己的心情也會受到影響。這就是佛家所說的煩惱的「此岸」；對於智者，了知事物本來生滅無常的本性，心愛之物受到損壞時，正確對待生命中的得失，「離境無生滅」，了無牽掛，絕不會去用別人的錯誤來懲罰自己。這就是佛家所說的解脫的「彼岸」。由此觀之，「此岸」與「彼岸」並非兩個不同的世界，而是同一個地方，兩者的區別取決於你「著境」還是「離境」。

善知識！迷人口念，當念之時，有妄有非；念念若行，是名真性[1]。悟此法者，是般若法；修此行者，是般若行。不修，即凡；一念修行，自身等佛。

善知識！凡夫[2]即佛，煩惱[3]即菩提；前念迷即凡夫，後念悟即佛；前念著境即煩惱，後念離境即菩提。

注釋

1 真性：不妄叫真，不變叫性。不妄不變之真實本性，乃人本具之心體。

2 凡夫：未見四諦之理而平庸淺識之平常人。

3 煩惱：煩是擾義，惱是亂義。貪、嗔、癡等不健康的思維能擾亂有情的心智，使有情的身心發生惱、亂、煩、惑、污等精神作用。

譯文

善知識！迷而不悟的人只知道口念，即使正在口念時，心中都會產生妄念和是非之心。念念心行，才是真實不虛的真如法性。覺悟此法，就是般若法；如此修行，就是般若行。不能如是修行，就是凡夫；若能一念悟修，自身即與佛平等無異。

善知識！眾生是未覺的佛，煩惱與菩提，並非絕對對立。前念心迷而心隨境轉，就是凡夫；後念心悟境隨心轉，當下就是佛。前一念執著於外境，就是煩惱；後一念不被身外之物所左右，當下就是菩提。

賞析與點評

有個失戀的人在公園裏因為不甘而哭泣。一位路過的哲人不但沒有安慰她，反而笑道：「你不過是丟棄了一個不愛你的人，而他卻損失了一個愛他的人，他的損失要比你大得多，你還有什麼可恨的呢？不甘心的人應該是他才對。」

世間的愛與恨、苦與樂、得與失、是與非、正與邪、好與壞、煩惱與菩提、地獄與天堂、凡夫與聖賢絕對不是對立的兩面，而是可以相互轉化的，轉化的時間很短，短到一念之間；轉化的關鍵是轉迷成悟：一念迷，萬念俱灰，淒淒慘慘，苦海無邊，而成為苦惱眾生；一念悟，海闊天空，快快樂樂，歡喜自在，而成為解脫的覺者。

善知識！摩訶般若波羅蜜，最尊最上最第一，無住[1]無往亦無來，三世諸佛從中出。當用大智慧，打破五蘊煩惱塵勞。如此修行，定成佛道，變三毒為戒定慧。

注釋

1 無住：萬物隨緣而生，無自性，心不執著於任何一物，自由無礙。

譯文

善知識！摩訶般若波羅蜜是最尊貴、最至上、最第一位佛法。它隨緣而起，無住無往也無來，過去、現在、未來三世諸佛都是從般若法中生出的，大家應當運用這個大智慧，打破五蘊煩惱塵勞。這樣來修行，一定能成就佛道，將貪、嗔、癡三毒轉化為戒、定、慧三學。

賞析與點評

般若為之母，能出生養育；
佛為眾生父，般若能生佛；

是則為一切，眾生之祖母。

——《大智度論》（T25.190b29-c2）

《心經》云：「照見五蘊皆空，度一切苦厄。」「苦」是指人內心負面情緒的煎熬，而「厄」是來自身外困境的逼迫。兩者既有區別，又相互關連，但根源是同一個，因我執而產生的貪嗔癡等不健康的思維。如何通過修摩訶般若波羅蜜化解人生的苦厄呢？惠能以「五蘊皆空」的理論作詮釋：所謂的「我」只不過是物質元素（色）和精神元素（受、想、行、識）的組合體，並無永恆不變的實體。以智慧如此觀照，便能在遇到讓人煩心的人與事時不貪不嗔，「於一切法，不取不捨」，清淨的真如本性便顯現出來。過去世、現在世、未來世三世諸佛都是覺悟般若空性而成佛作主的。六祖惠能因而說，「三世諸佛從中出」。從這種意義上講，般若是佛真正的母親，諸佛般若生！

善知識！我此法門[1]，從一般若生八萬四千智慧。何以故？為世人有八萬四千塵勞。若無塵勞，智慧常現，不離自性。悟此法者，即是無念[2]。無憶無著，不起

誑妄，用自真如[3]性，以智慧觀照，於一切法，不取不捨，即是見性[4]成佛道。

注釋

1 法門：修行者治學方法、作事風格與入道的門徑。

2 無念：無妄念。

3 真如：真，真實不虛妄；如，不變其性。遍佈於宇宙中真實的本體，如如不變。

4 見性：見自本性。

譯文

善知識！我這個法門，能由這個無上般若智慧生出八萬四千智慧。這是什麼原因呢？主要是針對由於世上的人原本有八萬四千煩惱。如果沒有煩惱覆蓋我們清淨的本性，智慧便能時常顯現，念念不離菩提自性。悟到了這個法門的人，自然沒有妄念，沒有思量、執著，不起誑妄顛倒，隨緣應用真如自性，以般若智慧來觀照事物，對一切諸法不執著也不捨離，這就是見性成佛。

賞析與點評

病症有多少種，醫生便會對症研製出相應數量的藥方；電腦病毒有多少種，專業人員便會依此開發出相應數量的殺毒軟件。同理，眾生的煩惱有八萬四千種，佛陀對機施教，說了八萬四千種法門。這些法門看起來繁多，其實皆從般若心智中流出。所以惠能說：「我此法門，從一般若生八萬四千智慧。」

善知識！若欲入甚深法界及般若三昧者，須修般若行，持誦《金剛般若經》，即得見性。當知此經功德無量無邊，經中分明讚歎，莫能具說。

此法門是最上乘，為大智人說，為上根人說。小根小智人聞，心生不信。何以故？譬如天龍下雨於閻浮提[1]，城邑聚落，悉皆漂流，如漂草葉。若雨大海，不增不減。若大乘人，若最上乘人，聞說《金剛經》，心開悟解。故知本性自有般若之智，自用智慧，常觀照故，不假文字。譬如雨水，不從天有，元是龍能興致，令一

切眾生、一切草木、有情無情[2]，悉皆蒙潤。百川眾流，卻入大海，合為一體。眾生本性般若之智，亦復如是。

注釋

1 閻浮提（Jambu-dvīpa）：盛產閻浮樹之國土，專指印度，泛指人世間。

2 有情無情：人類、諸天、餓鬼、畜生、阿修羅等有情識的生物統稱為「有情」，而草木金石、山河大地等為非情、無情。

譯文

善知識！如果要想契入甚深法界窮究底源及契證般若三昧，必須實踐般若行，持誦《金剛般若波羅蜜經》，即能明白本心，見到本性。大家應當知道，這部《金剛經》有無量無邊的功德，經中有對此讚歎的內容，說得明明白白，這裏不再一一細說。

這個法門是最上乘的，是專為有大智慧的人說的，是為上等根器的人說的。小根性小智慧的人聽聞此法，心裏會生起疑惑不信。為什麼呢？比如龍王降大雨，落在我們居住的這個世界（閻浮提），城市村落都順水漂流，小根性的人就如同漂流的樹葉一樣。而大雨如果落在大海之中，則大海不會有絲毫增減損益。像最上乘根器的人，聽到《金剛經》就能領悟理解，知道本性裏面自有般若智慧，這是經常運用智慧觀照所得，而不是假借語言文字而成。好比雨水，並不是天上本有才下落於世，而是龍能興雲致雨，使一切眾生，一切草木，有情和無情，都蒙受潤澤。一切河流，都歸大海，合為一個整體。眾生本性的般若智慧，也是這樣。

賞析與點評

一個富翁害怕家道中落，就在愛子的衣服裏縫了一顆明珠，估量著就算將來家產沒有了，也可以變賣這顆明珠維持生活，萬萬想不到兒子後來竟淪為乞丐，不知道衣服裏藏有價值連城的明珠，後經親友告知，才取出寶珠，置田買房，過上富裕生活。

這是《法華經》七喻中的「衣珠喻」，以乞兒比喻小根之人，以明珠比喻佛性，小、中根機的人與大根機的人一樣，本來都有相同的般若之智，無二無別。佛陀對所有根機的人都是說同樣法——明心見性的般若大法，眾生隨其領悟能力之不同而得到不同的利益。正如《維摩經》云：「佛以一音演說法，眾生隨類各得解。」

善知識！小根之人，聞此頓教，猶如草木根性小者，若被大雨，悉皆自倒，不能增長。小根之人，亦復如是。元有般若之智，與大智人更無差別，因何聞法不自開悟？緣邪見障[1]重、煩惱根[2]深。猶如大雲覆蓋於日，不得風吹，日光不現。

般若之智亦無大小，為一切眾生自心迷悟不同。迷心外見，修行覓佛，未悟自性，即是小根；若開悟頓教，不能外修，但於自心常起正見，煩惱塵勞常不能染，即是見性。

善知識！內外不住，去來自由，能除執心，通達無礙。能修此行，與般若經本無差別。

注釋

1 障：煩惱妨礙人們證得涅槃、菩提之果。

2 煩惱根：人們造業產生的業障，在心底紮下了根，形成了藏識種子，稍被觸動，馬上和當前的根塵結合，生出種種妄念，令人煩惱不堪，這就是煩惱的根。

譯文

善知識！小根性的人聽聞此頓教法門，如同根淺枝弱的草木，一旦被大雨沖刷，全部自己倒伏在地，不能再生長了。小根器的人也是如此，原本具有般若智慧，與大根器大智慧的人沒有兩樣，為什麼聽說佛法卻不能自己開悟呢？因為他們執著邪見，所知障重，煩惱習氣根深蒂固，好像厚重的烏雲遮蔽了太陽，又得不到風的吹動，陽光無法顯現出來。

般若智慧，人人本來具足，沒有大小、多少之分，只因為一切眾生自心有迷悟的不同所致。心有迷惑，向外求法，離心覓佛，不能悟見自性，這就是小根性的人。如果領悟頓教法門，不向心外執著修行，只在自己心中生起正見，一切煩惱塵勞自然不能染著，這就是見到自性。

善知識！對內、外境都不執著，來去自由，能去除執著之心，就能通達無我而無阻礙。能如此修行，便和般若經所說的沒有差別。

賞析與點評

上士聞道，勤而行之；中士聞道，若存若亡；
下士聞道，大笑之。不笑不足以為道。

——老子

老子在《道德經》上說，道性深厚的人（上士）聞道後，深信不疑，勤奮用功；道性若明若暗的人（中士）聞道後半信半疑，似懂非懂；道性薄弱的人（下士）聞道會予以嘲笑。當然，若不被這種人嘲笑，那還叫道嗎？類似的說法在《法華經》中也有記載：佛陀應舍利弗的要求，在法華盛會上宣講甚深微妙難解的般若大法時，當場就有五千人離開會場。（T9.6b12-7a）佛陀解釋說，只因小、中根機的人被貪、嗔、癡、邪見等煩惱塵勞所染，如同烏雲蔽日，塵封了我們心中本來清淨的自性，人便心外求法，追名逐利，煩惱不斷，一旦風吹雲散，萬里無雲，則陽光遍照；同理，貪、嗔、癡等煩惱塵勞一旦清除，原本清淨的般若自性便顯現出來，通達無礙。

善知識！一切修多羅及諸文字，大小二乘，十二部經[1]，皆因人置，因智慧性，方能建立。若無世人，一切萬法，本自不有，故知萬法，本自人興。一切經書，因人說有。緣其人中，有愚有智；愚為小人，智為大人。愚者問於智人，智者與愚人說法；愚人忽然悟解心開，即與智人無別。

注釋

1 十二部經：佛陀所說教法，依其敘述形式與內容分成十二種類：契經、應頌、記別、諷頌、自說、因緣、譬喻、本事、本生、方廣、未曾有、論議。

譯文

善知識！一切經典和文字、大乘小乘經典、十二部經，都是因人施設的，因為人本自具有智慧之性，所以佛法能夠建立。如果沒有世人，一切事物和現象原本也都不能呈現。由此可知，一切萬物原本是由人所興設，一切經文佛典，也是因人講說而存在。由於世人之中有愚有智，愚迷的稱為小根器的人，智慧的稱為大根器的人。愚迷的人向有智慧的人請教，智者給迷人說法，迷人忽然開解得悟，他的境界就與有智慧的人沒有差別了。

賞析與點評

針對不同的病情，良醫對症下藥，醫治百病；同樣，佛陀悟道後，日中一食，樹下一宿，四處雲遊，隨機說法，化解眾生的種種煩惱。換而言之，佛法是為化解眾生的煩惱而施設的，正如惠能所說：「佛說一切法，為度一切人。若無一切人，何用一切法？」後人將之收集、整理成三藏十二部經。如同以燈點燈，薪火相傳，就光明而言，後點亮的燈與先點亮的燈一樣光明。同理，先覺悟的人教化愚人，儘管覺悟有先後，但愚人如果忽然開悟，智慧與前人並無差別。

善知識！不悟即佛是眾生；一念悟時，眾生是佛。故知萬法盡在自心，何不從自心中，頓見真如本性？

菩薩戒經云：「我本元自性清淨，若識自心見性，皆成佛道。」《淨名經》云：「即時豁然，還得本心。」

譯文

善知識！沒有開悟時，佛就是眾生；一念得悟時，眾生都是佛。由此可知，一切都存在自我本心之中，為什麼不從自我本心中當下得悟識見真如本心呢？

《菩薩戒經》中說：「自己的本性原來就是清淨的，如果識見本心，明見心性，都能成就佛道。」《淨名經》說：「當下豁然開悟，就能夠識見本心。」

賞析與點評

蠅愛尋光紙上鑽，不能透處幾多難；
忽然撞著來時路，始覺平生被眼瞞。
——宋．白雲守端

蒼蠅往光亮的地方飛去，卻被窗戶紙擋住了去路。牠花盡全身的力氣東撞西鑽，也無法飛出房間，萬分辛苦！正在失望之際，一不小心撞著來時的小洞，一下子就飛出去了。同理，不少人終日誦經念佛，修行十分盡力，只因在心外求法，如同亂飛的蒼蠅，始終無法找到悟道之門。惠能提醒修道人，若能從心入手，在轉迷成悟上下功夫，一念之間，便會進入智慧大海，「識自心見性，皆成佛道。」

善知識！我於忍和尚處，一聞言下便悟，頓見真如本性。是以將此教法流行，令學道者頓悟菩提，各自觀心，自見本性。若自不悟，須覓大善知識、解最上乘法者，直示正路。是善知識有大因緣，所謂化導令得見性。一切善法，因善知識能發起故。三世諸佛、十二部經，在人性中本自具有。不能自悟，須求善知識指示方見。

譯文

善知識！我在弘忍大和尚那裏，一聽聞他説法，言下即便開悟，頓時見到真如本性，所以將此頓教法門流傳廣佈，讓學道的人頓悟菩提，各自觀照自心，見到自己的本性。如果自己不能領悟，必須尋訪大善知識、能理解最上乘禪法的人，直接指示正確的開悟之路。作為善知識，他們都與佛法有很大的因緣，通過所謂的教化和引導，令人得見自心本性。因為一切善法都因受善知識啟發而流傳。在人的本性中，本來就具足過去、現在和未來三世一切諸佛、十二部經。如果一個人因愚迷而不能自悟，必須求助於善知識，通過他們的指導開示識見本心。

賞析與點評

趙州八十猶行腳，只為心頭未悄然；
及至歸來無一事，始知空費草鞋錢。
——宋．張無盡

一天，有人向唐朝趙州從諗禪師請教：「末劫時，還有沒有『這個人』？我們的肉身是否會隨世界的壞、空而毀滅？」趙州禪師回答：「會壞。」那人又問：「那麼，我們的業識又去何處？」「隨他去！」趙州回答後，內心也產生了困惑，覺得不妥，無法安心修道。於是，八十歲高齡的趙州禪師跋山涉水，參訪善知識，尋找答案。

古往今來，禪門修道人心有疑問，參訪善知識，化解心中疑慮，這種做法極為普遍，是佛門的優良傳統。當初六祖惠能也是因為聽聞《金剛經》，心有所悟，不遠千里，去黃梅參訪五祖弘忍這位大善知識：「一聞言下便悟，頓見真如本性。」真如本性，無形無相，普通根性的人難以一下子參透，也是可以理解的。六祖惠能提醒大眾：「若自不悟，須覓大善知識、解最上乘法者，直示正路。」這是參禪悟道的關鍵。

若自悟者，不假外求。若一向執謂須他善知識方得解脫者，無有是處。何以故？自心內有知識自悟。若起邪迷、妄念顛倒，外善知識雖有教授，救不可得。若起正真般若觀照，一剎那間，妄念俱滅。若識自性，一悟即至佛地。

譯文

對於能自悟見性的人，是不需要求助於外力的。如果一味執著必須靠善知識，才能解脫，那是錯誤的。為什麼呢？眾生自心內原有般若智慧可以自悟。如果另起邪見，迷自本心，顛倒妄想，心外的善知識雖然給予教導，也是無法得救的。如果能夠生起真正的般若觀照，一剎那間，妄念即能完全息滅；如果能識得自性，這一悟便可以直入佛地。

賞析與點評

有一佛教信徒問趙州禪師：「你能加持我，使我盡快悟道嗎？」

趙州禪師被他一問，不好意思地說：「我先去一下茅廁，好嗎？」

趙州禪師邊往茅廁走邊無奈地說：「你看！連如廁這樣的小事，還要我自己去，都沒有人能幫得上忙。」

這則公案說明，修禪之初，明師的指點至關重要。然而，一旦入門，修道的實踐卻必須靠自己，連上洗手間這樣的小事別人都無法代替，更何況是悟解禪法呢！所以六祖惠能說：「若自悟者，不假外求。」自悟的重點是一念之間轉迷成悟，「若起正真般若觀照，一剎那間，妄念俱滅。若識自性，一悟即至佛地。」

善知識！智慧觀照，內外明徹，識自本心。若識本心，即本解脫；若得解脫，即是般若三昧，即是無念。

何名無念？若見一切法，心不染著，是為無念。用即徧一切處，亦不著一切處。但淨本心，使六識出六門，於六塵中無染無雜，來去自由，通用無滯，即是般若三昧，自在解脫，名無念行。若百物不思，當令念絕，即是法縛，即名邊見。

善知識！悟無念法者，萬法盡通；悟無念法者，見諸佛境界；悟無念法者，至佛地位。

譯文

善知識！運用智慧返觀自照，就能心內心外光明透徹，識見自己本來的真心；如果認識了自己本來的真心，即是得到本來無礙的自在解脱；若得解脱自在，即是入於般若正定。即是無念。

什麼叫作無念？對於所知所見的一切諸法，「心不染著」，就叫作無念。「無念」的心，運用時能遍及一切處，又不執著於任何一處。只要使本心清淨無染，六識通過感覺器官（六門）接觸外界的色、聲、香、味、觸、法六塵時，如實觀照不起絲毫分別、妄念，出入來去自由自在，隨意使用，無滯無礙，這就是般若三昧，就是自在解脱，即無念修行。如果一味執著什麼都不去思考，使心念斷絕，這就是法縛，也叫作偏執於空無一物的邊見。

善知識！悟入無念法門的人，就通達了一切法；領悟了無念法門的人，即已親見諸佛的境界；悟得無念法門的人，已到達佛的果位。

賞析與點評

盲人、聾人和五根俱全的人結伴而行。三人來到鐵索橋頭。橋下是千丈絕崖，萬丈深淵，激流翻滾，驚濤怒吼，十分凶險。三個人一個接一個地抓住鐵索，凌空行進。結果是：盲人、聾子過了橋，五根俱全的人反而跌入深淵而喪命。

耳聰目明的健全人因看到萬丈深淵，聽到怒吼的激流聲，心生恐懼而喪命。普通人如同這位五根俱全的人，當眼、耳、鼻、舌、身、意六根（又稱六門）與外界接觸時，容易受到名、利等身外之物所污染，產生種種分別、執著，煩惱由此而生。與此同時，盲人因看不見而不知山高橋險，聾子因聽不見腳下激流咆哮怒吼，恐懼相對減少很多，遂順利過了鐵索橋。同理，修行修到一定程度時，眼、耳、鼻、舌、身、意等感覺器官不會被身外之物所左右。由此觀之，無念不是百物不思，當令念絕，而是心存正念，專注當下這一念。正如惠能所說，「若見一切法，心不染著，是為無念。」

善知識！後代得吾法者，將此頓教法門，於同見同行，發願受持。如事佛故，終身而不退者，定入聖位。然須傳授從上以來默傳分付，不得匿其正法。若不同見同行，在別法中，不得傳付。損彼前人，究竟無益。恐愚人不解，謗此法門，百劫

千生，斷佛種性。

譯文

善知識！後代得到我所授法門的，能將這頓教法門，與見解相同、心行相同的人共同發願信受奉持，如同事奉佛陀，終生精進而不退轉的人，必定能達到斷見惑之初果境地。但是，傳此法門必須傳授歷代祖師以心傳心的咐囑，不可隱匿宗門正法。如果不是同一見地、同一心行，而在其他宗派法門中修行的人，不得妄傳，以免有損他原修宗派的傳承，究竟是沒有益處的，尤其更怕有些愚癡的人不能了解，誹謗這個法門，而使百劫千生斷絕佛性，永遠不能成佛。

賞析與點評

佛法如藥方，對症下藥，才能有效地治癒眾生的心病。惠能遵循這一原則，提醒弟子，頓教法門不是對每個人都適用，應在「同見同行」者當中傳授，堪稱如法而能利眾，否則就會有害。

善知識！吾有一無相頌，各須誦取。在家出家，但依此修。若不自修，惟記吾言，亦無有益。

譯文

善知識！我有一首無相頌，每個人都必須讀誦、牢記。無論在家居士還是出家僧人，只要依照這首無相頌去修行就好了。如果自己不依此修行，僅僅記住我的話，是沒有什麼益處的。

賞析與點評

佛陀說法時，先以散文（長行）的形式廣說種種甚深的法義，最後以韻文（重頌）的形式總結所說要義，便於人們記憶。惠能仿效佛陀說法的形式，以偈頌總結他所講的見性成佛之大意。

聽吾頌曰：
說通[1]及心通[2]，如日處虛空；唯傳見性法，出世破邪宗。
法即無頓漸，迷悟有遲疾；只此見性門，愚人不可悉。
說即雖萬般，合理還歸一；煩惱暗宅中，常須生慧日[3]。
邪來煩惱至，正來煩惱除；邪正俱不用，清淨至無餘。

注釋

1 說通：能以善巧方便，隨順眾生根機而說法無礙。
2 心通：遠離一切言說文字，引導眾生心悟自己的本性。
3 慧日：以日喻佛陀的智慧，能普照眾生，照破無明生死癡闇。

譯文

諸位聽我說偈：
說法通及自心通，猶如大日處虛空；唯有傳授見性法，出世度眾破邪宗。
法本不分頓與漸，轉迷成悟有快慢；只此見性妙法門，庸愚之人不能知。
說法即使萬般異，合則理體仍歸一；煩惱黑暗住宅中，時常須生慧日照。

邪念來時煩惱至，正念來時煩惱除；邪正二相都不用，清淨極至無餘境。

賞析與點評

文中的「説通」指惠能藉語言文字和經典，用各種辦法化解大眾心中對頓教法門的疑慮，其目的只有一個，引導人們超越語言文字的束縛，直指人心，通達自性般若性空之理，見性成佛。這就是「心通」。換言之，「説通」指通達教理，「宗通」指實際證悟心法，説通、宗通亦即教、證。修行之初，首先要意識到心外求法這一邪見，對頓、漸之別爭執不休，成為煩惱生起的根本，應用正知正見去除邪見。然後用觀照般若超越正、邪二相，一法不執，令慧日生起，明心見性，方能獲得清淨自在的佛果。

菩提本自性，起心即是妄；淨心在妄中，但正無三障[1]。

世人若修道，一切盡不妨；常自見己過，與道即相當。

色類[2]自有道，各不相妨惱；離道別覓道，終身不見道。波波度一生，到頭還自懊；欲得見真道，行正即是道。

注釋

1 三障：妨礙聖道、善根的煩惱障、業障、報障。

2 色類：有各種物質形體的眾生。

譯文

菩提本是自性覺，若起心念就是妄；淨心處在妄心中，但正心念無三障。世人若要修佛道，一切法門都不妨；常見己過勤反省，就能與道相應當。眾生各自有其道，彼此無妨亦無惱；自離其道別求道，終身無法得見道。風塵僕僕度一生，到頭還是自懊惱；想要得見真實道，行正心直就是道。

賞析與點評

本段進一步闡述自性的特徵：菩提本來就是人人具足的清淨本性，只因動了心外求法的念頭，成了妄念。妄心與淨心之間，就是一念之差。只要正見生起，以何種方法修道都無妨。譬如說，在日常生活，「道」無處不在。以人人都會犯錯為例，各人的業障因緣不同，修行的著眼點要放在修正自己的過失上，使行為正直，才是真正意義上的修道。

自若無道心，暗行不見道；若真修道人，不見世間過。
若見他人非，自非却是左；他非我不非，我非自有過。
但自却非心，打除煩惱破；憎愛不關心，長伸兩脚臥。
欲擬化他人，自須有方便；勿令彼有疑，即是自性現。

譯文

自己如果無道心，暗行不能得見道；若是真正修道人，不見世間之過非。
如果只見他人過，自己有過就是錯；他人有過我無過，我責怪人自有過。
只要自止責人心，就能破除煩惱障；憎怒喜愛不關心，長伸兩腳自在臥。

想要教導感化人，自己須有方便法；不使他人生疑惑，就是自性之顯現。

賞析與點評

莫說他人短與長，說來說去自招殃；
若能閉口深藏舌，便是修行第一方。

——宋．慈受懷深

一天，蘇東坡在金山寺與佛印和尚一起坐禪。坐了一個時辰，蘇東坡只覺得身心通暢，內外舒泰，便忍不住問佛印：「禪師，你看我坐禪的樣子如何？」佛印看了一下蘇東坡，點頭讚道：「像一尊佛。」佛印隨後又問東坡：「那你看我坐姿如何？」那天佛印穿的是土黃色的僧袍，蘇東坡開個玩笑地說：「真像一堆牛糞。」蘇東坡回家後，高興地告訴蘇小妹：「我今天贏了佛印和尚。」小妹不以為然，告訴哥哥：「其實輸的是你！佛印心中清淨，所以看你才像佛；你心不淨，所以視禪師如糞。」蘇東坡聽後十分慚愧。

真修道人不是對他人的過失沒有反應，不辨是非曲直，而是以緣起性空的般若智慧如實觀照世間萬物，包括自、他人的過失是虛妄不實的，無從生起憎愛之心，自性清淨了，便會用正面的思維去看他人之不足、看事件、看世界，則有缺點的人也有可愛之處，事件變得可喜，世界也變得更美好，自己便成了「長伸兩腳臥」的無心道人，進而生起救度眾生的大悲心，以種種善巧方便，啟發人覺悟自己的本性，令眾生離苦得樂。

佛法在世間，不離世間覺；離世覓菩提，恰如求兔角。
正見名出世，邪見是世間；邪正盡打却，菩提性宛然。
此頌是頓教，亦名大法船；迷聞經累劫，悟則剎那間。

師復曰：今於大梵寺說此頓教，普願法界眾生，言下見性成佛。

時韋使君與官僚、道俗聞師所說，無不省悟。一時作禮，皆歎：善哉！何期嶺南有佛出世！

譯文

佛法本就在世間，覺悟不離開世間；離開世間尋菩提，正如費心求兔角。
正見名為出世智，邪見名為世間惑；邪正二見盡掃淨，菩提自性分明現。

此頌即頓教法，也稱作是大法船；迷人聞法歷多劫，頓悟只在刹那間。

大師又說：今天在大梵寺所說的這個頓教法門，普願天下眾生聽聞之後都能當下見性成佛。

當時，韋刺史與官僚、僧俗弟子聽了六祖所說的法後，都有所省悟，於是大家同時向六祖大師頂禮，並且讚歎道：太好了！誰料到嶺南這個地方有真佛出世！

賞析與點評

一八九五年，虛雲老和尚在江蘇高旻寺參加「禪七」（禪宗叢林每逢冬日農事已，更無雜務，便舉行克期取證的修行，以七日為一期）。一天晚上，六炷香之後的吃茶時間，倒茶僧不小心把開水濺到虛雲的手上，茶杯墮地，一聲破碎聲令虛雲如夢初醒，大徹大悟之下說出悟道偈：「杯子撲落地，響聲明瀝瀝；虛空粉碎也，狂心當下息。」隨後，虛雲又說了一首偈子：「燙著手，打碎杯，家破人亡語難開；春到花香處處秀，山河大地是如來。」虛雲開悟後，以出世的精神做入世的事，走上弘法之路，隨緣度眾。

虛雲開悟的經過充分說明，邪見不除，就是世間，煩惱無盡；一念覺悟生正見，就是出世，出名利紅塵之世，入歡喜自在的世界。世間、出世間是同一個空間，其區別只在一念之間的迷與悟，離言說相，去除世間、出世的分別相，離開一切是非、善惡等種種分別，開佛知見，悟入空、有不二法門，證得實相般若。惠能說完自見菩提本性的頓教大法，大眾各有所悟，歡喜讚歎。

疑問品第三

本篇導讀——

「大疑大悟，小疑小悟，不疑就不悟。」這是禪門流行的口頭禪，說明參禪用功從起疑情開始。六祖惠能在本品中解答當時學佛人心中的一些疑問，重點有三方面的內容。（1）福德與功德的問題。梁武帝一生「造寺度僧、佈施設齋」，帶有強烈功利色彩的行善，施得越多，自我越大，離去除我執及身外之物的正法越遠。惠能因而說，「武帝心邪，不知正法」。佛家佈施的真正目的是去除對自我及身外之物的執著，「須自性內見，不是佈施供養之所求也，是以福德與功德別。」惠能如此講述的目的只是為了防止我們只修福德而不修功德，福慧雙修才是成佛的正途。（2）心淨與佛土淨的問題。惠能講心淨則佛土淨，其目的並非否定西方淨土的存在，而是提醒人們不可一味求生淨土而忽視了當下之淨心，心淨才是往生西方必不可少的條件。惠能因而說：「佛向性中作，莫向身外求。」禪與淨土是中國佛教的基本架構，也是兩個影響、利益眾生最大的法門，禪淨融通是宋代以後中國佛教的主流。準確理解《六祖壇經》關於淨土的主張，對促進禪淨融通有積極作用，對破除現實當中自讚譭他的法門之執有積極作用。有法門但無法門之見，是佛法興盛的表現，也是修行人正信、正解的表現，很值得注意。（3）在家修行與在寺修行的問題。惠能講：「若欲修行，在家亦得。」他並不是勸人不要出家，只是提醒人們不要執著於寺院修行而不重視在家修行之重要。事實上，在任何時代，出家者少而在家者眾，這有效地指導了在家人修行，也是佛法興盛的根本。我們在讀這品時一定要圓融，抓住本質，不能從一個極端走到另一個極端。本品最後的《無相頌》將儒家的倫理道德成功地轉化為佛家修行的重要內容，標誌著印度佛教的徹底中國化。

一日，韋刺史為師設大會齋。齋訖，刺史請師升座，同官僚士庶肅容再拜，問曰：弟子聞和尚說法，實不可思議。今有少疑，願大慈悲，特為解說。

師曰：有疑即問，吾當為說。

韋公曰：和尚所說，可不是達磨大師宗旨乎？

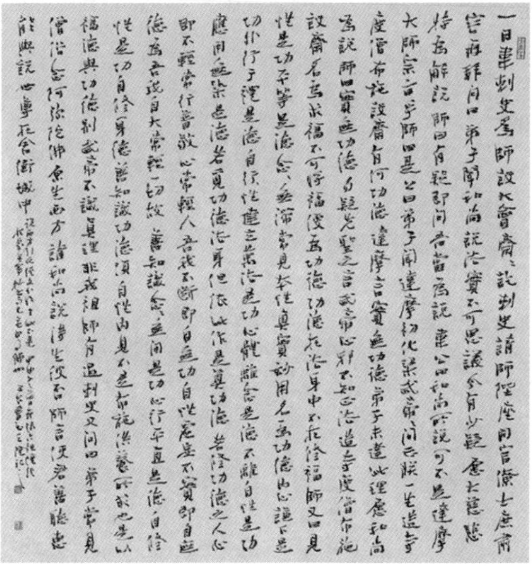

《六祖壇經》內文影本

師曰：是。

公曰：弟子聞，達磨初化梁武帝，帝問云：「朕一生造寺度僧、布施設齋，有何功德？」達磨言：「實無功德。」弟子未達此理，願和尚為說。

師曰：實無功德，勿疑先聖之言。武帝心邪，不知正法。造寺度僧、布施設齋，名為求福，不可將福便為功德。功德在法身中，不在修福。

譯文

一天，韋刺史為六祖惠能舉行齋僧大會。吃過齋飯，韋刺史恭請大師登上法座，自己和官僚、信眾們整肅儀容，向大師再行禮拜，問道：弟子們聽和尚說法，實在是微妙得不可思議。現在我有些疑問，希望和尚大發慈悲，專門為我們解說開示。

六祖惠能說：有疑惑就問吧，我自會給你解說。

韋刺史說：請問大師您所說的是達摩大師的宗旨嗎？

六祖惠能回答：是的。

韋刺史說：弟子聽說，達摩大師最初度化梁武帝，武帝問：「朕一生建造寺廟、敕度僧人、佈施財物、廣設齋會，會有什麼功德呢？」達摩說：「實在是沒什麼功德。」我不能理解這個道理，希望大師為我解說。

六祖惠能說：實在沒有什麼功德可說。你們不要懷疑先聖前賢的話！梁武帝心存邪見，沒有認識真正的法性。建造寺廟、敕度僧人、佈施設齋，這只是在求有漏（漏者煩惱之異名，含有煩惱之事物）的人天福報，不可將這福報當作功德。因為功德原本就在法身之中，不在修福的事相上求。

賞析與點評

三寶門中福好修，一文喜捨萬文收；
不信但看梁武帝，曾施一笠管山河。

——古德

梁武帝（四六四—五四九）曾向志公禪師詢問前世今生事，志公禪師說武帝有一世曾為樵夫，因將自己的箬笠遮蓋在佛身上避免雨淋，今生感得君王的果報。也許武帝期盼來生仍做皇帝，不但三次捨身同泰寺，而且一生建寺、度僧、佈施不輟，但達摩祖師不僅沒有稱讚他的「善舉」，反而說「實無功德」。梁武帝迷茫，韋刺史等官員也感到不解。其實，從表面看，佈施能使貧困者受益，但佛教把佈施看成是基本的修行，有其深層次的功能，即去除人們對自我及身外之物的執著。反觀梁武帝所佈施的財物並非來自自己的俸祿，而是國庫的錢財，行善的目的是為了自己獲得更大的利益——來生做皇帝。這種帶有強烈功利色彩的行善，施得越多，自我越大，離去除「我執」及身外之物的正法越遠。故達摩有「實無功德」之評論，當頭棒喝，期盼能點醒夢中人。

師又曰：見性是功，平等是德。念念無滯，常見本性，真實妙用，名為功德。內心謙下是功，外行於禮是德；自性建立萬法是功，心體離念是德；不離自性是功，應用無染是德。若覓功德法身，但依此作，是真功德。若修功德之人，心即不輕，常行普敬。心常輕人，吾我不斷，即自無功；自性虛妄不實，即自無德。為吾我自大，常輕一切故。善知識！念念無間是功，心行平直是德；自修性是功，自修身是德。善知識！功德須自性內見，不是布施供養之所求也。是以福德與功德別。武帝不識真理，非我祖師有過。

譯文

六祖惠能又說：明心見性就是功，平等對待一切眾生就是德；念念之間沒有滯礙，常能見到真如本性的真實妙用，這就叫作功德；內心謙虛卑下就是功，外面依禮而行就是德；從真如自性中建立萬法就是功，心體遠離一切妄念就是德；念念不離自性就是功，運用自心本性而無所浸染是德。如果尋求功德法身，只要依此去做，就是真正的功德。如果真是修功德的人，心中就不會輕慢他人，而能普遍尊敬一切眾生。

心中時常輕視他人，我執不能斷除，自然不會有功；自我心性如果虛妄不真實，自然沒有德。是因為一貫以自我為大，我執太重，時常輕視一切的緣故。

善知識！時時刻刻、念念之間無有中斷就是功，依平常心順直而行就是德。自我修行本性是功，自我修行身行是德。

善知識！功德必須在自心本性中識見，而不是通過佈施捨予、供養奉侍來求得的，所以福德與功德是有區別的。梁武帝正是不能認識到這個道理，這並非是達摩祖師言行有錯誤。

據《妙法蓮華經・常不輕菩薩品》記載，在威音王如來時期，有位常不輕比丘無論遇到誰——僧俗賢愚，都會叩頭禮拜，並恭敬讚歎說，我不敢輕於汝等，汝等皆當作佛。有些自愛又自負的比丘認為常不輕比丘行為怪異，給僧人丟臉，更趁常不輕比丘禮拜他們時辱罵他，甚至用棍棒、瓦塊、石頭等打他，但常不輕比丘非但不生氣，反而一邊避走遠處，一邊高聲唱言：「我不敢輕於汝等，汝等皆當作佛。」（T9.50b）」

普通人有一點小成就就得意忘形，目空一切，「心常輕人」，皆因人我不斷。惠能認為，這種人不但無功，反而有過。常不輕比丘則不同，他通過修行終於領悟到眾生皆有佛性，故能去除我執，平等地對待所有的人。這正是惠能所描述的真修行人，「心即不輕，常行普敬。見性是功，平等是德。」佈施是修行的手段，而不是目的。行佈施時，心中沒有佈施的我、受佈施的人、所佈施的物品，佈施後更不存有求福報的念頭，心中對施者、受者與施物皆不執著，這種「三輪體空」的無相佈施，才能使人悟入自性本空的境界，獲得無上的功德。很顯然，梁武帝並沒有明白達摩祖師所說的這一層深義。

刺史又問曰：弟子常見僧、俗念阿彌陀佛，願生西方。請和尚說，得生彼否？願為破疑！

譯文

韋刺史又問：弟子常常看到出家人、在家人口中念誦阿彌陀佛名號，希望往生西方極樂世界。請大師為我們解說，念佛是否能往生西方極樂世界？希望大師為我們破除心中的疑惑。

賞析與點評

《大乘起信論》說，眾生初學是法，欲求正信，其心怯弱……如來有勝方便攝護信心，謂以專意念佛因緣，隨願得生他方佛土，常見於佛，永離惡道。（T12.583a）這段經文揭示了解脫的兩種方式：他力與自力。人們生存的環境往往不太理想，使人難以安心修道。在這種情況下，佛陀無問自說，講述念佛往生西方極樂淨土的殊勝法門，念佛便能往生極樂世界。持名念佛在唐代十分流行，與惠能所主張的靠自力轉迷成悟的修行方法有衝突，韋刺史故有此問。

師言：使君善聽，惠能與說。世尊在舍衛城中說西方引化經文，分明去此不遠；若論相說里數，有十萬八千，即身中十惡[1]八邪[2]，便是說遠。說遠為其下根，說近為其上智。人有兩種，法無兩般。迷悟有殊，見有遲疾。迷人念佛求生於彼，悟人自淨其心。所以佛言「隨其心淨，即佛土淨」。

注釋

1 十惡：指能招感餓鬼、畜生、地獄三惡道報的十種惡業，即殺生、偷盜、邪淫、妄語、兩舌、惡口、綺語、貪慾、嗔恚、邪見。

2 八邪：八正道的反面，即邪見、邪思惟、邪語、邪業、邪命、邪精進、邪念、邪定。

譯文

大師說：請韋刺史用心聽！我為你解說。釋迦牟尼佛當年在舍衛城裏，宣說接引眾生往生西方極樂世界的經文中，很清楚地指出，西方極樂世界離我們的世界並不遙遠。但如果從事相上來說，西方距離我們現實世界有十萬八千里之遙；這十萬八千里其實就是象徵眾生的十惡八邪，因為十惡八邪的障礙，所以便說西方遙遠。說西方淨土遙遠，是針對根器下等的一般悟性之人隨相而說；說西方淨土很近，是針對根性銳利的上智人隨性而說。人的根性確有利、鈍之分，但佛法卻沒有這樣的兩種分別。因為眾生有迷與悟之不同，所以見性就有快、慢之別。執迷的人「著相」念佛求生西方淨土，覺悟的人只求淨化自己的心，所以佛說：隨著自心清淨，自然佛土清淨。

賞析與點評

《阿彌陀經》云：「從是西方過十萬億佛土，有世界名曰極樂。」（T12.346c11-12）人們以此為依據，堅信西方極樂世界是在十萬億國土外的西方，這是真實不虛的。但如果只執著西方淨土，而不知西方淨土與自心、自性的關係，那就是「心外求法」，有違道由心悟的修道原則。惠能針對這一執著，指出往生淨土的要訣：迷人念佛求生於彼，悟人自淨其心。世人心不淨而行十惡八邪，生八萬四千種煩惱，成為垢土眾生。而有智慧的人，從自心入手，逐步去除心中的煩惱。煩惱減一分，清淨增一分，智慧長一分。等到心中八萬四千種煩惱盡除，清淨的心顯現，如實觀照宇宙、人生真相，隨緣而行，當下就是淨土。從這種意義上講，惠能的淨土觀是把人們從心外求法拉回到內心悟道，以心中煩惱的數量決定一個人與西方極樂世界的距離，科學而形象，使人容易入手修行。這種教化眾生的方法，不但沒有否定淨土，反而為修淨土之人提供了切實可行的法門。

使君！東方人，但心淨即無罪；雖西方人，心不淨亦有愆。東方人造罪，念佛求生西方；西方人造罪，念佛求生何國？

凡愚不了自性，不識身中淨土，願東願西；悟人在處一般，所以佛言：「隨所住處恆安樂。」

譯文

韋刺史！東方人只要自心清淨便不會造罪業；反過來說，即使身在西方，如果心不清淨，一樣會造罪業（愆）。東方人造罪業，還可以稱名念佛祈求往生西方；西方人若造罪業，稱名念佛又求往哪一方呢？

凡夫愚人不能了悟自性，不能領悟淨土由自身心中引發，於是發願往生東方或西方；而覺悟的人到哪裏都一樣，隨處是淨土。所以佛說，（只要心中清淨），無論你所處何地，都能常得安樂。

賞析與點評

《佛說阿彌陀佛經》云，彼佛國土，無三惡道；其佛國土，尚無惡道之名，何況有實？是諸眾鳥，皆是阿彌陀佛，欲令法音宣流，變化所作。換而言之，西方極樂世界並無三惡道，因而缺少使眾生造罪的條件，自然不會有愆和罪之說。惠能豈會不知這一最常識性的佛學知識?!西方人心不淨亦有愆，說西方人只是一種假設，重點還在於勸戒我們東方人不要想東想西，應從踏踏實實地斷除自身的十惡八邪做起，自淨其意，便可在任何情況下都保持快樂的心境。惠能的一生就是最好的寫照。無論是貧為樵夫，還是貴為大師；無論是與獵人為伍，還是與達官貴人相聚；無論是遭人追殺，還是受人尊敬，他都能以隨緣的心態，坦然面對悲歡離合、人世炎涼，超越成敗、榮辱和得失，皆因他「識身中淨土」，已體會到淨土的快樂，從而獲得「隨所住處恆安樂」的無住人生。再譬如說，地藏菩薩常在地獄中看到無數眾生在他的幫助下出離苦海，心中無比快樂，地獄對他來說是淨土；佛降生到娑婆世界救度剛強難調的眾生，娑婆世界就是他的淨土。

使君！心地但無不善，西方去此不遙；若懷不善之心，念佛往生難到。今勸善知識，先除十惡，即行十萬；後除八邪，乃過八千。念念見性，常行平直，到如彈指，便睹彌陀。

譯文

韋刺史！心中只要沒有不善之念，西方極樂世界就離我們不遠；如果心中懷有不善之念，即使稱名念佛也無法往生極樂世界。

現在我奉勸諸位善知識，先消除十惡，就等於行了十萬里路；再除去八邪，就又走了八千里。念念都能見到自己的本性，經常使自己行為平坦正直，那麼到達西方淨土如同彈指間便能見到阿彌陀佛了。

賞析與點評

使君心地但無不善，西方去此不遙；若懷不善之心，念佛往生難到。惠能在此段經文中並非否定西方極樂世界的存在，而是引導人們「佛向性中作，莫向身外求」。具體方法是，以人心中煩惱的多寡來決定一個人離西方極樂世界的距離，「除十惡，即行十萬里；除八邪，乃過八千里」。無論念佛還是修行，修道的過程都相似：煩惱少一分，清淨增一分；修道的目的相同：一念不亂，念念見性。修行到此時，便能覺悟本性，在彈指之間就能見到彌陀。這與淨土宗提倡的念自性彌陀生「唯心淨土」（《阿彌陀經要解》（T37.374c14）完全一致。

使君！但行十善[1]，何須更願往生？不斷十惡之心，何佛即來迎請？若悟無生頓法，見西方只在剎那；不悟念佛求生，路遙如何得達？惠能與諸人，移西方於剎那間，目前便見，各願見否？

眾皆頂禮云：若此處見，何須更願往生？願和尚慈悲，便現西方，普令得見。

注釋

1 十善：十惡的反面。

譯文

六祖惠能繼續説道：韋刺史只要奉行十善，又何必往生西方極樂世界呢？如果不斷滅十惡之心，又有什麼佛來迎請接引你往生西方呢？如果悟了沒有生滅的頓教大法，親見西方極樂世界，只在刹那之間；僅稱名念佛而不能了悟，重點只放在「求」生西方極樂世界，則西方路途遙遠，如何能夠到達呢？我現在就與大家在一瞬間搬西方極樂世界於眼前，當下就能看到極樂淨土。各位是否願意親身體會一下？眾人都向大師行大禮，説：如果在這裏能見，哪還需要再發願往生西方呢？希望大師慈悲為懷，立刻就顯現出西方來，讓大家都得以看到。

賞析與點評

「但行十善，何須更願往生。」惠能在此段經文中並非反對人們念佛往生西方極樂世界，而是引導人們莫向外求，應以一種覺悟的心念佛，對境心不染，念念不住，覺悟遠離生滅的「無生頓法」，就可以見到不生不滅的清淨自性，與淨土相應，你就會恒常住在你自心的淨土中。這就是實相念佛。《樂邦文類》也有類似的説法，「生則決定生，去則實不去」。（T47.208a4）

師言：大眾！世人自色身[1]是城，眼、耳、鼻、舌是門，外有五門，內有意門。心是地，性是王。王居心地上，性在王在，性去王無。性在，身心存；性去，身心壞。

注釋

1 色身：指有形質之身，即肉身；反之，無形者稱為法身或智身。

譯文

六祖惠能說：各位！世上的人，自己的肉身就如同一座城池，眼睛、耳朵、鼻子、舌頭等好比是城門。外面有五個門，裏面還有一個意念門。自心好比土地，自性好比國王。國王居於自心這塊土地上，自性在，國王就存在；自性離開了心地，國王也就不存在了。所以自性若在，則身心俱存；自性若離，則身心俱壞。

賞析與點評

學道猶如守禁城，晝防六賊夜惺惺；
將軍主帥能行令，不用干戈定太平。

——宋・性空妙普

我們的肉身如同一座城，眼、耳、鼻、舌等感覺器官好比是城門，而「意」好比城中的奸細，學道人如同士兵守護一座城池，應不分晝夜防範美色、美聲、好香、美味、舒適柔軟的感覺等盜賊從眼、耳、鼻、舌、身五門乘虛而入，更要提防城內分別執著的「意」之奸細，以保護城中國王（自性）的安全。當然能否守住城池，最關鍵的還是要看三軍主帥的能力，如同增強我們內心的力量，讓守衛眼、耳、鼻、舌、身五門的士兵聽從內心主帥的指示，當看則看，當聽則聽，當說則說，當行則行，則一定能守住城池。能戰勝自己的心，就能戰勝一切！

佛向性中作，莫向身外求。自性迷，即是眾生；自性覺，即是佛。慈悲即是觀音，喜捨名為勢至，能淨即釋迦，平直即彌陀；人我是須彌，邪心是海水，煩惱是波浪，毒害是惡龍，虛妄是鬼神，塵勞是魚鱉；貪嗔是地獄，愚癡是畜生。

譯文

要作佛，須向自性中求，千萬不要向身外去求索。迷失了自性，你就是眾生；覺醒了，你就是佛。心存慈悲，自身就是觀音菩薩；有一顆歡喜、平等待人的心，自身就是大勢至菩薩；能自淨其意，自身就是釋迦牟尼佛；心地平等正直，自身就是阿彌陀佛。

一旦生起人、我分別之心，人我之執猶如須彌山障礙正道；心裏起了貪慾邪念，就是掀起波濤洶湧的海浪；無明煩惱，就是翻滾的波浪；歹毒害人之心，就是兇猛的惡龍；心地虛偽狂妄，就是擾人的鬼神；常在塵勞中奔波，就如同魚鱉一般忙碌；心存貪嗔恨，就等於自造地獄；愚癡不化，就等於無知的畜生。

賞析與點評

觀音不在普陀山，只在人心方寸間。
修道至誠求真理，西方大道可登攀。
——古德

美國石油大亨保羅．蓋蒂是個大煙鬼。一次，他在一個小城的旅館過夜。淩晨兩點鐘醒來，想抽一根煙，不料煙盒是空的。更不幸的是，他冒著大雨找遍了旅館附近的餐廳、酒吧，一無所獲，而他的煙癮越來越大。最後，他只好依路人的指點，艱難地走向十公里外的火車站去買煙。走了一段路後，他突然反問自己：你有如此瘋狂的行為，僅僅是為得到一支煙？你竟然被一支煙所主宰？如此反思，他的心靈受到極大的震撼，遂毅然戒煙。

一個人若被妄念控制，便苦惱叢生，因此，自性迷即是眾生，貪嗔是地獄，愚癡是畜生。修行的過程，就是修正自己的妄念，產生慈、悲、喜、捨之善念。正念一旦主導一個人的思維，便是成佛之因。《六祖壇經》因而說，「自性覺即是佛，慈悲即是觀音，喜捨名為勢至，能淨即釋迦，平直即彌陀。」從這種意義上，成觀音、成佛，還是成畜生、地獄眾生，全在一念之間。惠能因而說，「佛向性中作，莫向身外求。自性迷，即是眾生；自性覺，即是佛。」

善知識！常行十善，天堂便至；除人我，須彌倒；去邪心，海水竭；煩惱無，波浪滅；毒害除，魚龍絕。自心地上覺性如來，放大光明，外照六門清淨，能破六欲諸天。自性內照，三毒即除，地獄等罪，一時消滅。內外明徹，不異西方。不作此修，如何到彼？

大眾聞說，了然見性，悉皆禮拜，俱歎善哉！唱言：普願法界眾生，聞者一時悟解。

譯文

善知識！時常奉行十善，天堂便在眼前；去除人、我分別，自大的須彌山轟然倒塌；息滅貪嗔癡心，生死苦海就會枯竭；煩惱不生，海面的波浪就會平息；去掉毒害之心，魚龍便會絕跡。自己心中的真如覺性自然就會放大光明，外照眼、耳、鼻、舌、身、意六根清淨無染，可衝破困惑六慾諸天的貪愛、喜、怒、哀、樂等情慾；內照自心本性，即能滅除貪、嗔、癡三毒，應該墮入地獄受苦的罪業也頃刻除盡。如此內外通明透徹，就如同清淨的西方極樂淨土一樣。如果不作這樣的修行，又如何能到西方極樂世界呢？

大家聽了六祖惠能的開示，洞然明白，照見自性，於是向六祖恭敬頂禮，同聲讚歎說：好極了！

又高唱道：但願天下眾生，聽聞此法後都能立即覺悟。

賞析與點評

譬如巨海浪。斯由猛風起。洪流鼓冥壑。無有斷絕時。
藏識海常住。境界風所動。種種諸識浪。騰躍而轉生。
青赤種種色。珂乳及石蜜。淡味眾華果。日月與光明。
非異非不異。海水起波浪。七識亦如是。心俱和合生。

——《入楞伽經》

上文重點論述「佛向性中作，莫向身外求」，本段具體說明如何化解人們當下身心的煩惱，明心見性。惠能借用《入楞伽經》的理論，說明心本清淨，被貪嗔癡等自私的思想染污後，產生種種分別，起惑造業，貯存於第八阿賴耶識（即人見聞覺知之性）中。佛家把第八識稱為藏識海，又叫真如海，是宇宙的本體。它如大海一樣，一遇風力鼓蕩的外緣，其水便興起了激湍的七識波浪，變現出整個物質世界。修行的方法因而很簡單，「除人我，須彌倒；去邪心，海水竭；煩惱無，波浪滅；毒害除，魚龍絕。」要去除人們當下身心的煩惱，必須學會自性內照，反求諸己，去除執著，息滅貪嗔癡三毒，自淨其意，「地獄等罪，一時消滅」，當下即是西方，現生即到極樂淨土。

師言：善知識！若欲修行，在家亦得，不由在寺。在家能行，如東方人心善；在寺不修，如西方人心惡。但心清淨，即是自性西方。

韋公又問：在家如何修行？願為教授！

師言：吾與大眾說無相頌。但依此修，常與吾同處無別；若不依此修，剃髮出家，於道何益？頌曰：

心平何勞持戒，行直何用修禪！
恩則孝養父母，義則上下相憐；
讓則尊卑和睦，忍則眾惡無喧。
若能鑽木出火，淤泥定生紅蓮。
苦口的是良藥，逆耳必是忠言。
改過必生智慧，護短心內非賢。
日用常行饒益，成道非由施錢。
菩提只向心覓，何勞向外求玄。
聽說依此修行，西方只在目前。

師復曰：善知識！總須依偈修行，見取自性，直成佛道。時不相待，眾人且散，吾歸曹溪。眾若有疑，卻來相問。

時，刺史、官僚、在會善男信女，各得開悟，信受奉行。

譯文

六祖惠能說：善知識！如果想修行學佛，在家修道也是可以的，不一定要出家住寺。在家人如果能夠依法修行，就好像東方人心地善良；出家住寺不能依法修行，就好像西方人心地不善。只要內心清淨，就是自性的西方極樂世界。

韋刺史又問：在家人應如何修行呢？希望能給我們教化指授。

大師說：我給大家說一個《無相頌》，只要依照這個頌修行，就好像經常與我在一起。如果不依照這個頌修行，即使剃度出家為僧，在修道上又有什麼益處呢？頌詞說：

心地平等何須煩勞持戒？行為正直哪裏還用修禪？
知道報恩就能孝養父母，明白義禮就能上下相憐；
懂得謙讓就能尊卑和睦，能夠忍辱就能制止眾惡。
若能如鑽木取火般勤修，污泥之中定能生出紅蓮。
苦口的常是治病的良藥，逆耳的必是利行的忠言。
改正過失必定能生智慧，維護短處必定心內非賢。

日常生活中常利益他人，成道不是只有佈施錢財。菩提只需要向內心尋覓，何必徒勞向外求取玄妙？聽我説偈之後依此修行，西方極樂淨土就在目前。

大師又説：善知識！大家都要依照偈頌修行，各自識見獲取本性，直截了當成就佛道。時間不會等待人的。大家就這樣先散了吧，我這就回曹溪山了。大家如果有疑問，可以到曹溪問我。

當時，韋刺史、官員以及法會中聽講的善男信女們心開意解，有所領悟，對六祖惠能的教法深信不疑，無不遵守奉行。

賞析與點評

心中不平，行為才會不端正，需要以持戒來規範人的行為與語言。如果一個人心中清淨，則行為端正，在任何情況下都可以做到「隨心所欲而不逾矩」。到了這種境界的人，不是不修禪、守戒，而是不需要刻意在修禪程式與守戒形式上花功夫。更重要的是，惠能推崇心戒，認為自淨其意是戒律的最高原則，因而有「心平何勞持戒，行直何用修禪」之説。同樣，惠能創造性地吸收和轉換了知恩報恩、忠孝仁義、謙讓忍和、自強不息、從善如流、改過自新等儒家關注現實人生的倫理規範，並運用到佛教的修行中來，告誡人們以此修行，離西方極樂世界便不遠了。這標誌著印度佛教的徹底中國化，為禪宗在後世的興盛奠定了堅實基礎。

定慧品第四

本篇導讀——

戒、定、慧三學是各宗公認的解脫之法。正如道安法師說：「世尊立教，法有三焉：一者戒律也，二者禪定也，三者智慧也。斯三者入道之門戶，泥洹之要關也。」對初學道者，依戒定慧的先後順序修行，很有必要。正如《宗鏡錄》云：「因戒生定，因定發慧。」（T48.625a8）然而，修到一定的程度，必須要超越修行的形式，覺悟「定慧一體，不是二」。本品是惠能為修行達到一定境界的自悟修行者開示的具體修行法門。他首先以燈與光之間的關係來詮釋「定」與「慧」體用不二的法義，「定是慧體，慧是定用」。如果將定、慧視為有先後、有順序的修行，定、慧便成了兩種割裂存在的東西，產生先後、有無兩種法相的對立，進而偏執一端，爭論不休，「自悟修行，不在於諍；若諍先後，即同迷人。不斷勝負，卻增我法，不離四相。」接著惠能指出本宗法門以無念為宗、無相為體、無住為本」，外離一切相叫作無相，對所有外境均不沾染叫作無念，對於一切時間善惡好壞、不思酬害、視為空幻的人之本性即是無住。最後惠能在實踐上力倡「於一切行住坐臥，常行一直心」，教人自識本心、自見本性。

師示眾云：善知識！我此法門，以定慧為本，大眾勿迷，言定慧別。定慧一體，不是二。定是慧體，慧是定用，即慧之時定在慧，即定之時慧在定。若識此義，即是定慧等學。

諸學道人，莫言「先定發慧、先慧發定」各別。作此見者，法有二相。口說善語，心中不善，空有定慧，定慧不等；若心口俱善，內外一如，定慧即等。自悟修行，不在於諍；若諍先後，即同迷人。不斷勝負，却增我法，不離四相。

善知識！定慧猶如何等？猶如燈光，有燈即光，無燈即暗。燈是光之體，光是燈之用。名雖有二，體本同一。此定慧法，亦復如是。

譯文

六祖惠能開示眾人說：善知識！我所講的法門，以定、慧為根本。大家不要因此迷惑，誤以為定、慧有別。定和慧是一體的，不是二分的。禪定是智慧的本體，智慧是禪定的功用。就在智慧顯現的時候，定存在於慧中；入定的時候，慧也存在於定中。如果了解了這個道理，就是定、慧平等無二。

各位學習佛道的人，不要說「先有禪定，才能引發智慧」；或者說「先有智慧，才能使人入定」這種二元論的話。持這種見解的人，顯示他仍然認為「定」、「慧」是兩種獨立存在的東西，才會產生先後、有無兩種法相的對立。

如同一個人口中雖說著好話，心中卻沒有善意，心口不一；同理，一個人若只停留於口頭空談「先定後慧」的名相，就不可能定慧等持，而是徒有定慧的虛名。如果心存善意，口出善言，心口相應，內外如一，定、慧即成一體。依此修行，自我開悟，不在於爭執定、慧等名相差別；如果執著於爭執定、慧孰先孰後，即與愚迷之人無異。如果不能斷除勝負高下之心，必將增長我執、法執，就不能遠離對「我、人、眾生、壽者」四相的執著。

善知識！定、慧的關係好比什麼呢？好比燈光。有燈就有光明，沒有燈即是黑暗，燈是光的本體，光是燈的功用。兩者名稱雖不同，本質卻是同一的。定、慧關係之理，也是如此。

賞析與點評

夜深人靜之時，風越大，燭光越搖擺不定，燈光越暗弱，照明效果越差；同樣，身處風高浪急的紅塵，一個人的定力越小，越容易迷失自性，應對問題的智慧也越弱。若給燈配上防風罩，防風罩越好，燭光越趨於穩定，照明的能力也相應增強；同樣，智慧如同人生的安全罩，人生智慧越高，化解問題的能力越強，心越安定。由此觀之，定與慧如同一個硬幣的兩面，非一非異，相即不離，定慧一體。

師示眾云：善知識！一行三昧者，於一切處，行、住、坐、臥，常行一直心是也。《淨名》云：「直心是道場，直心是淨土。」

譯文

六祖惠能開示眾人說：善知識！所謂一行三昧，就是無論何時何地，無論或行或住，或坐或臥，都能心行正直。《維摩詰經》說：「直心就是道場，直心就是淨土。」

賞析與點評

學詩當如初學禪，未悟且遍參諸方。
一朝悟罷正法眼，信手拈來皆成章。

——北宋．韓駒

韓駒（一〇八〇—一一三五）在這首詩中指明禪與詩自古以來似乎有不解之緣，兩者皆須從悟入手。初學寫詩時，需要參訪明師，咬文嚼字；一旦入門，悟到詩的精髓，即可信手拈來，出口成章。學禪又何嘗不是如此，參禪之初，需要在禪堂中學習參禪的步驟與技巧，參訪善知識；一旦入門，「常行一直心」，砍柴挑水、行住坐臥皆有禪味。這就是六祖惠能所提倡的「一行三昧」，即專注一行而修習正定。這就將禪定的內涵由禪堂擴充至日常生活，專注於當下正在做的事，成為惠能禪法的最大特色。

莫心行諂曲，口但說直；口說一行三昧，不行直心。但行直心，於一切法勿有執著。迷人著法相，執一行三昧，直言，「常坐不動，妄不起心，即是一行三昧。」作此解者，即同無情，卻是障道因緣。

善知識！道須通流，何以却滯？心不住法，道即通流；心若住法，名為自縛。若言常坐不動是，只如舍利弗宴坐林中，却被維摩詰訶。

善知識！又有人教坐，看心觀靜，不動不起，從此置功。迷人不會，便執成顛。如此者眾。如是相教，故知大錯。

譯文

不要只在口頭上說正直，心裏卻想著諂媚曲邪的事；不要口說著一行三昧，卻不用正直的心來修行。要用正直的心來修行，不要在一切法上有所執著。愚迷的人執著於法相，執著於一行三昧的名相，因而會開口就說「常常靜坐不動，不起妄想雜念，這就是一行三昧」。持這種見解的人，就如同沒有情識的木石一樣。這種修行觀其實正是妨礙修道的因緣。

善知識！佛法必須是通達無阻的，為什麼反而被名相滯塞靈性呢？心不執著於文字法相，便能通達「道」；心若執著於名字法相，就叫作繭自縛。如果說長時間地死坐不動，就是在修「一行三昧」的話，就如同舍利弗當年在樹林中長久靜坐，反而遭到維摩詰的呵斥。

善知識！還有人教人靜坐時，只要守住自己的心，觀想靜止，身體不動，心念不起，認為以這種方法修行就可以建立功德。糊塗的人不懂打坐的真正方法，一再執迷修定慧的名相，以致顛倒虛妄。現在像這樣理解修定慧的人很多，若再以此教導別人，更是大錯而特錯。

賞析與點評

舍利弗一心在森林中苦練禪修，維摩詰嚴厲批評他：「不必是坐，為宴坐也。」唐中期兼通華嚴和禪的圭峰宗密把「禪」分為五種：外道禪、凡夫禪、小乘禪、大乘禪、最上乘禪。「是坐」屬於小乘禪，強調常坐不動，看心觀靜，容易使人誤入斷絕一切念頭的傻坐，成為障道因緣。「宴坐」屬最上乘禪，通過參禪，「不於三界現身意，是為宴坐；心不住內亦不在外，是為宴坐；不斷煩惱而入涅槃，是為宴坐。若能如是坐者，佛所印可。」（T14.539c17-27）通過參禪，觀照萬法空無自性，「心不住法，道即通流」，頓悟自心本來清淨。

師示眾云：善知識！本來正教，無有頓、漸，人性自有利、鈍。迷人漸修，悟人頓契。自識本心，自見本性，即無差別。所以立頓漸之假名。

譯文

六祖惠能說：善知識！真正的教法原本沒有頓、漸之分，只因人的根性有聰明和愚鈍之不同罷了。愚迷的人漸次修行，覺悟的人當下契悟真理。聰明的人和愚癡的人，通過不一樣的方法開悟，最終識得自己的本心，見到自己的本性，明心見性時，就沒有頓悟、漸悟的差別了。所以頓悟、漸悟只是權且設立的假名而已。

賞析與點評

上人心猛利，一聞便知妙。中流心清淨，審思云甚要。
下士鈍暗癡，頑皮最難裂。直待血淋頭，始知自摧滅。
看取開眼賊，鬧市集人決。死屍棄如塵，此時向誰說。
男兒大丈夫，一刀兩段截。人面禽獸心，造作何時歇。

——唐．寒山

神童遇名師指導，能在很短的時間內完成普通學生十二年才能完成的課程。但對普通學生而言，必須按部就班，先上小學，再讀中學，最後才讀大學，學習必要的知識。然而，就知識內容而言，神童與普通學生所學並無不同。同理，寒山在此偈中說明，像舍利弗、大迦葉、菩提達摩和惠能等上等根機的人，聽聞佛法，當下即悟；而對一般根機的眾生則要花費更長時間，甚至三大阿僧祇劫（即菩薩由發心至成佛的修行期）方能消化、領悟佛所說的法。儘管眾生悟道有先與後、快與慢之別，悟道的內容卻一樣——緣起性空的中道實相。因此惠能說，「本來正教，無有頓漸，人性自有利鈍。迷人漸修，悟人頓契。自識本心，自見本性，即無差別。」

善知識！我此法門，從上以來，先立無念為宗，無相為體，無住為本。無相者，於相而離相；無念者，於念而無念；無住者，人之本性。

譯文

善知識！我所宣講的法門，從佛祖以來，一直是首先立無念為宗旨，以無相為本體，以無住為根本。所謂無相，基於一切相狀而超離一切相狀；所謂無念，生起心念而不執著於心念；所謂無住，乃是人的本性。

賞析與點評

三無思想（無念、無相、無住）是惠能禪修思想的精髓。就內心修練而言，「無念」不是斷一切念，而是不對已過去和未到來的事起執著妄念，以便專注於當下這一念；就對客觀事物的認識而言，「無相」不是否定萬物存在的虛無主義，而是「於相而離相」，覺悟萬物空無自性的本質；就修行用功的方法而言，「無住」心念明明白白地認識一切法，但不執一法，念念無住，隨緣而住，正念不斷，直至覺悟般若空性，圓證佛果。

於世間善惡好醜，乃至冤之與親，言語觸刺欺爭之時，並將為空，不思酬害，念念之中不思前境。若前念今念後念，念念相續不斷，名為繫縛[1]。於諸法上念念

不住，即無縛也。此是以無住為本。

注釋

1 繫縛：指眾生的身心為煩惱、妄想或外界事物所左右，如被繩子束縛，不得自在，長時流轉於生死之中。

譯文

對於世間一切善惡好醜，甚至冤家對頭、親朋好友，在言語上發生攻擊、刺傷、欺詐、論爭的時候，一併將這些看成空幻，不去考慮報復傷害，時時刻刻，不追思拘泥於以前，這就是以無住為本。如果對於過去、現在、將來的心念，念念相續，思量不斷，這叫作自我繫縛。相反，對於一切法相，念念之間毫不執著，就是沒有繫縛，這就是以無住為本。

賞析與點評

阿拉伯人馬沙與朋友吉伯、阿里一同出外旅行。三人行經一處山谷時，馬沙一不小心失足滑落，眼看就要掉下深谷，機敏的吉伯拚命拉住他的衣襟，將他救起。為了永遠記住這一救命之恩，馬沙在附近的大石頭上用刀鐫刻下一行大字：某年某月某日，吉伯救了馬沙一命。

三人繼續旅行，後來到一條河邊，為了一件小事吵了起來。吉伯一氣之下打了馬沙一耳光。馬沙控制住自己，沒有還手，一口氣跑到沙灘上又寫下一行大字：某年某月某日，吉伯打了馬沙一耳光。

「不尋常」的旅行結束了。有一天，阿里不解地問馬沙：「你為什麼要把救你的事刻在石頭上，而把打你的事寫在沙灘上？」馬沙很平靜地回答：「我將永遠感激並記住吉伯救過我的命。至於他打我的事，我想讓它隨著沙子的流動忘得一乾二淨。」

人生在世，時常會被誤解、被傷害、被欺騙、被嘲笑，若念念不忘過去的痛楚，時刻被復仇的陰影所糾纏，這正是《六祖壇經》中講述的「繫縛」，「若前念今念後念，念念相續不斷，名為繫縛。」反之，若能以空觀看透過去不愉快的事，放下復仇的念頭，就能做到「念念之中不思前境」，專注於當下所做的事，開始新的生活，便能領略以「無住為本」的含義。

善知識！外離一切相，名為無相。能離於相，即法體清淨。此是以無相為體。

譯文

善知識！超離一切外在形相，叫作無相。能超離於形相，就是自性法體清淨。這就是以無相為本體。

賞析與點評

智通禪師半夜忽然起牀大叫：「我開悟了！我開悟了！」一寺人眾都被他吵醒，歸宗禪師嚴肅地問他：「你悟到了什麼？」智通毫不遲疑地回答道：「我悟的道理是——尼姑原是女人做！」這樣的回答，實在太妙了！尼姑是女人，是多平常的事。但普通人處處著相，只知「尼姑相」與「女人相」，卻不知「尼姑相」在「女人相」中。其實，尼姑不就是光頭的女人嗎?!更重要的是，無論是尼姑、女人，還是山河大地，乃至宇宙間一切事物，皆是由種種條件組合而成的現象，並無固定不變的實相。正如《金剛經》云：「凡所有相，皆是虛妄。」因此，惠能要求我們在認識事物時，「於相而離相」，才能了知其本體。這就是「以無相為本體」的本意。

善知識！於諸境上心不染，曰無念。於自念上，常離諸境，不於境上生心。若只百物不思，念盡除却，一念絕即死，別處受生，是為大錯。學道者思之！若不識法意，自錯猶可，更誤他人；自迷不見，又謗佛經。所以立無念為宗。

譯文

善知識！在接觸世間萬事萬物時不被其所沾染，叫作無念。在接觸事物時，我們的心念若能常脫離事物的表象，就能做到不對任何事物起心動念。然而，這並不等於要人什麼都不想，把念頭全部斷絕。因為一念斷絕等同於死亡，一樣還要到別處去受生輪迴，這是極大的錯誤。學道的人應該仔細思考這一道理！如果不理解佛法要義，自己迷妄而犯錯誤，只是誤自己一人；如果再以此誤導他人，則害了別人，也謗了佛經，所以要立「無念」為宗旨。

賞析與點評

武則天為了測試一個人是否真能做到「不於境上生心」，就讓死囚們頭頂一碗油穿過鬧市。臨行前，她對死囚們說，碗中的油若灑了一點，立即砍頭；若一滴不灑，將被赦免，重獲自由。為了增強測試效果，武則天在死囚必經之街道安排不少美女跳舞。測試結果，只有一位死囚沒有灑一滴油，重新回到武則天面前。她好奇地問：「沿途看到什麼有趣的事？說來聽聽。」死囚說：「我沿途只專注於頭頂的油，沒有看到其他有趣的事。」這則歷史故事告訴我們，無論紅塵如何翻滾，只要心專一境，「不於境上生心」是完全有可能的。禪定修為很高的人，完全可以不被身邊的花花世界所左右，不被名、利所污染，妄念不起，便是「無念」。所以惠能說：「於諸境上，心不染，曰無念。」

善知識！云何立無念為宗？只緣口說見性，迷人於境上有念，念上便起邪見，一切塵勞妄想從此而生。自性本無一法可得，若有所得，妄說禍福，即是塵勞邪見。故此法門立無念為宗。

譯文

善知識！為何立無念為宗呢？只因為那些口頭說見性而心猶執迷的人，在外境上仍有所念，有所念就會起邪見，一切塵勞妄想就從此產生。菩提自性從來就不是可以通過某種具體方法獲得的，如果以為有所得而妄說禍福，這就是塵勞邪見，所以這個法門要以無念為宗。

賞析與點評

染塵容易出塵難，不斷塵勞總是閒；
情性攀緣空費力，不成道果也徒然。

——明．憨山德清

人們明知河豚有毒，卻經受不住河豚鮮美肉香的誘惑，拚命爭食，死也甘心；美人有傾國傾城之貌，不少人心甘情願受其誘惑，連英雄也難過此關。項羽和拿破崙二人，平生不肯落淚，然而項羽被困在垓下，在虞姬面前，也泣不成聲；拿破崙被囚孤島，想起約瑟芬（Josephine）來，竟落淚如雨。同理，我們的感覺器官與外界接觸時，若經不住美酒、美食、美名的誘惑，便會迷失本性，妄念叢生。惠能因而說：「迷人於境上有念，念上便起邪見，一切塵勞妄想從此而生。」

善知識！無者，無何事；念者，念何物。無者，無二相，無諸塵勞之心；念者，念真如本性。真如即是念之體，念即是真如之用。真如自性起念，非眼耳鼻舌能念。真如有性，所以起念；真如若無，眼耳色聲當時即壞。

善知識！真如自性起念，六根雖有見聞覺知，不染萬境，而真性常自在。故經云：「能善分別諸法相，於第一義[1]而不動。」

注釋

1 第一義：至高無上的真理。以名究竟之真理，是為最上，故云第一。

譯文

善知識！無，無的是什麼？念，念的又是什麼？所謂無，是沒有差別對立的二分之相，沒有執迷塵世之心；所謂念，是心念與佛性相一的自我本性，真正的如來佛性是心念的本體，心念是真如佛性的效用。真如自性生起的念，不是眼耳鼻舌能生起的念。真如佛性是自我本具的自我之性，所以能隨緣起念；真如如果沒有自性，那麼眼睛、耳朵等六種感覺器官會立即壞死。

善知識！自我真如本性生起心念，六種感覺器官雖然能看見、聽到、覺察、了解，但不被外在一切事物現象所侵染，真如本性就是永恆自在的，所以佛經上說，善能分別一切法相，於第一義而不動。

賞析與點評

大哲學家蘇格拉底有一天和一位老朋友在雅典城裏悠閒散步，忽然有位憤世嫉俗的青年出現，用棍子打了他一下就跑了。朋友要找那個家伙算賬，但是蘇格拉底拉住他，不讓他去報復。朋友覺得很奇怪，就問：「難道你怕這個人嗎？」蘇格拉底說：「不，我絕不是怕他。」朋友又問：「那麼人家打你，你都不還手嗎？」蘇格拉底笑著說：「老朋友，你糊塗了，難道一頭驢子踢你一腳，你也要踢牠一腳嗎？」朋友點點頭，就不再說什麼了。

蘇格拉底可謂「善分別」的典範，以智慧如實觀照憤世嫉俗青年的真實面貌，才能在受到棍棒襲擊時仍保持平和的心態。由此我們不難理解惠能所說的「無念」，不是斷一切念想，而是斷除眼耳鼻舌所能生起的分別之念，使真如自性起念。惠能解釋說：「無者：無二相，無諸塵勞之心；念者，念真如本性。」真如自性一旦起念，「六根雖有見聞覺知，不染萬境，而真性常自在。」

坐禪品第五

本篇導讀——

《遺教經》云：「制心一處，無事不辦。」「制心」就是通過「守一」（繫心一境）的方法制服我們的散亂心，就是「守心」，從而獲得「不動心」。問題的關鍵是，在《楞嚴經》中，佛陀引導阿難從身內、身外、潛於眼根等七處去找心，還是不得其心。原因很簡單，心原本就不是實體之物，而是隨緣而變化，「守心」守何物?!如果不能覺知這一點，「守心」往往變成「著心」，一味枯坐。這正是惠能所批評的，「若言著心，心元是妄。」在本品中，六祖惠能提醒大眾，「守心」並不代表無心，而是「外於一切善惡境界心念不起，名為坐；內見自性不動，名為禪」。換而言之，「外離相為禪，內不亂為定」，外禪內定，是為「禪定」。禪定與般若智慧打成一片，方能明心見性，自修自行，自成佛道。

師示眾云：此門坐禪，元不著心，亦不著淨，亦不是不動。若言著心，心元是妄，知心如幻，故無所著也。

譯文

六祖惠能開示眾人說：我這個法門所講的坐禪，原本不是執著於固守念頭，也不是執著於一味看淨，更不是枯坐不動。如果說執著心念，心念原本也是虛妄，了解了心念的虛妄，所以也就沒有什麼可執迷固守的。

賞析與點評

《菜根譚》云：「風來疏竹，風過而竹不留聲；雁度寒潭，雁去而潭不留影。故君子事來而心始現，事去而心隨空。」當風吹過稀疏的竹林時，會發出沙沙的聲響，當風吹過之後，竹林又依然歸於寂靜而不會將聲響留下；當大雁飛過平靜的潭水時，潭面映出大雁的身影，可是雁兒飛過之後，潭面依然淨光一片，不會留下大雁的身影。境界高的人遇事起心處理事件，事情處理完後心中依然恢復原本的寧靜。禪修就是了知心念虛幻不實，無可執著，「知心如幻，故無所著也。」知心如幻，幻中找心，找到「無所著」時，本心顯現。

若言著淨，人性本淨，由妄念故，蓋覆真如[1]。但無妄想，性自清淨；起心著淨，却生淨妄。妄無處所，著者是妄。淨無形相，却立淨相，言是工夫。作此見者，障自本性，却被淨縛。

注釋

1 真如：真，真實不虛妄；如，不變其性。指遍佈於宇宙中真實的本體，為一切萬有的根源。

譯文

如果說執著於追求清淨，那麼人的本性原本就是清淨的。由於虛妄心念的緣故，掩蓋遮蔽了自我真如本性，一旦沒有了虛妄邪見，本性自然清淨。生起執著心追求所謂的清淨，卻又生起對清淨本身執著的妄念。虛妄沒有一定的處所，有了執著，就是虛妄。清淨本來是沒有形相的，卻給清淨立出淨的形相，硬說符合這一形相的才是修行的功夫。有了這樣見解的人，就會障蔽自己的真如自性，反而被觀淨相所束縛。

賞析與點評

水本來是清淨的，被污染後而變得渾濁。通過淨化處理，水又恢復原本的清淨，使我們清楚地看見水中之物。人心如水，原本清淨，被貪嗔癡等無明煩惱擾亂後而變得妄念紛飛。禪修如同對我們的心進行淨化，使本來清淨的心再次顯露出來，心明則見性。這種清淨心無形無相，不少禪修者便要在禪定中追求看淨的功夫，反而被「淨」捆住了，成為修道的障礙。這都是著心著淨的過錯。故《維摩經》云：「淨心亦不可住著。」

善知識！若修不動者，但見一切人時，不見人之是非善惡過患，即是自性不動。

善知識！迷人身雖不動，開口便說他人是非長短好惡，與道違背。若著心著淨，即障道也。

譯文

善知識！修不動行的人，在與人相處時，看到別人的是非善惡、功過得失，都以平常心對待之，這就是自性不動。

善知識！愚迷的人身體雖然在那裏紋絲不動，但一開口就是議論別人的是非長短和好壞，這與修道是正好相違背的。這與執著於守心看淨一樣，也是障礙修道的。

賞析與點評

據《佛說四十二章經》記載，一人嫉妒心甚重，意欲以惡語中傷佛陀。佛陀靜心聽完此人之咒罵，輕聲問道：「若以厚禮贈人，所贈之人不受，汝將奈何？」

答曰：「只得收回禮物。」

佛陀微笑說：「我不接受你所贈之『厚禮』，請將它帶走吧。」

修不動行的人，在世間上，看見別人有過患，都以平常心對待之，心就不會生煩惱，就能做到自性不動。

師示眾云：善知識！何名坐禪？此法門中，無障無礙，外於一切善惡境界，心念不起，名為坐；內見自性不動，名為禪。善知識！何名禪定？外離相為禪，內不亂為定。外若著相，內心即亂；外若離相，心即不亂。本性自淨自定，只為見境，思境即亂；若見諸境，心不亂者，是真定也。

善知識！外離相即禪，內不亂即定。外禪內定，是為禪定。《菩薩戒經》云：「我本元自性清淨。」善知識！於念念中，自見本性清淨，自修、自行，自成佛道。

譯文

六祖惠能開示眾人說：善知識！什麼叫坐禪？頓教法門所說的坐禪，因修到沒有執著而無任何障礙，對於一切外在的善惡境界，不起心動念，這叫作坐；能識見內在自我本性寂然不動，這叫作禪。

善知識！什麼叫禪定？外離一切相叫作禪，內心不散亂叫作定。如果執著於外境外相，內心必定散亂。外離一切相，內心就不會散亂。自心本性原是清淨安定的，只因遇境起念，所以內心就亂了。如果見一切境而內心不亂的話，這才是真定。

善知識！外離諸相就是禪，內心不亂就是定，外禪內定，就叫作禪定。《菩薩戒經》說，「我的自心本性原本清淨。」

善知識！在念念之中，得見自己的本性清淨，精進修持實踐，自然能夠成就佛道。

賞析與點評

惠能給「坐禪」全新的定義。「外離相即禪，內不亂即定；外禪內定，是為禪定。」以神秀試圖寫悟道偈為例，他自認為自己是佛學權威，眾人的教授師，對五祖弘忍的衣缽、心法志在必得。這是在外在的形式上執著衣、法，患得患失，「二十三度呈偈不得」。寫完悟道偈後，他坐臥不安，直至五更。所有這一切都說明，神秀心中大亂。正如惠能一針見血地指出，外若著相，內心即亂。

懺悔品第六

本篇導讀——

依據唐代道宣《行事鈔》，懺悔分為律懺、事懺與理懺三類。（1）律懺，對象是犯戒的出家人，必須在每半月舉行的誦戒儀式前懺悔自己的過錯，悔過自新，獲得僧團清淨。（2）事懺，對象是迷心的僧、俗二眾，通過禮拜、讚歎諸佛菩薩、誦經持咒、觀想聖容等行為，懺悔過去、現在所作罪業，獲得身、口、意三業清淨。（3）理懺，對象是上等根機的人，通過觀「諸法（萬物）實相，萬法皆空」之理，發現罪惡乃為妄心所造。而妄心無體，罪惡是空，遠離空有之執著，心無所縛，從而從根本上滅除眾罪，獲得自性清淨。

在以上三類懺悔中，「律懺」和「事懺」屬於「有相」的佛前懺悔，而第三種「理懺」則屬於「無形無相」的自我內心懺悔，可理解為「無相」之「懺悔」。在本品中，六祖惠能稱之為「無相懺悔」，其特點並非否定傳統的循序漸進的修道原則，而是否定將修行公式化的形式主義。事實上，六祖惠能要求弟子們在受「無相戒」之前，先要進行「無相懺悔」、發「自心四弘誓願」、受「無相三皈依戒」。以上修行步驟與傳統佛教並無多大分別，其不同點是惠能在每一個步驟中引進了「無相」的概念，其目的是提醒人們，具體的受戒、懺悔方式只不過是修道的工具，應「用」而不「執」，於相離相，見到諸法性空，實相無相，即見佛性。而清淨無染的佛性中含藏一切善法，包括一切清淨戒法。若能明心見性，「無相」之「懺悔」便大功告成，清淨戒法隨之而顯現，這才是「無相懺悔」與「無相戒」之本義，以此來論述頓教法門佛性清淨的主張。

時，大師見廣韶洎四方士庶，駢集山中聽法，於是升座，告眾曰：來，諸善知識！此事須從自性中起，於一切時，念念自淨其心，自修自行，見自己法身，見自心佛，自度自戒，始得不假到此。既從遠來，一會於此，皆共有緣。今可各各胡跪，先為傳自性五分法身香，次授無相懺悔。眾胡跪。

譯文

當時，六祖惠能看到廣州、韶關（即曲江）以及來自全國四面八方的士人、老百姓，都雲集在曹溪山中請法，於是便登上法座，向眾人說道：來，各位善知識！明心見性這等解脫大事，必須要從自性的覺悟中做起。在任何時候，念念若能自淨其意，修正自己的言、行，直到照見自性法身，見到自己心中的真佛。這就是從自性入手自己救度自己、自己守持戒律的修行法門。這樣才不辜負各位千里迢迢，來到此山。

大家既然都是遠道而來，聚會於此，說明我們都很有緣。現在請各位就地一膝著地一膝曲起（胡跪），我要先為你們傳授「自性五分法身香」，接著再傳授「無相懺悔」。大眾依言，各自胡跪。

賞析與點評

六祖惠能在本品一開頭便提醒大眾，相信自己本具佛性，人與佛在根本上並無差別，從而確立起信心。不應心外覓佛，應從自性中起修，念念無著，遠離一切相，見到諸法畢竟空，即見眾生本身清淨的佛性。六祖在本品為大眾講述無相懺悔與無相戒，進一步說明「識心見性，頓悟成佛」這一《六祖壇經》的核心思想。懺悔對修行很重要，不懺悔，就無法滅罪，也不能淨除障礙，更難與法相應，這是所有法門都難例外的。六祖在此傳五分法身香，並傳授無相懺悔，是一個創舉。這一創舉超越事相，直指法身自性，與禪的宗旨吻合，也直契心性本來，堪稱直接究竟。

師曰：

一、戒香：即自心中無非、無惡、無嫉妒、無貪嗔、無劫害，名戒香。

二、定香：即睹諸善惡境相，自心不亂，名定香。

三、慧香：自心無礙，常以智慧觀照自性，不造諸惡；雖修眾善，心不執著，敬上念下，矜恤孤貧，名慧香。

四、解脫香：即自心無所攀緣，不思善、不思惡，自在無礙，名解脫香。

五、解脫知見香：自心既無所攀緣善惡，不可沉空守寂，即須廣學多聞，識自本心，達諸佛理；和光接物，無我無人，直至菩提，真性不易，名解脫知見香。善知識！此香各自內薰，莫向外覓。

譯文

六祖惠能說：

第一是戒香：自己心中沒有人我是非，沒有他惡我善，沒有嫉賢妒能的心理，沒有慳貪嗔忿的念頭，沒有劫掠殺害的意圖，這就叫作戒香。

第二是定香：目睹各種善、惡現象，自心不亂，這叫作定香。

第三是慧香：通達空性，心無掛礙，時常用智慧觀照自己的真如自性，不造惡業，雖修種種善行，但心中不執著所作的善行。敬重長輩，體恤晚輩，憐憫孤苦，救濟貧窮，這叫作慧香。

第四是解脫香：心不攀緣外境，不去思量分別善惡，身心自在，無所掛礙，這就叫作解脫香。

第五是解脫知見香：自心對善、惡等概念雖然沒有攀緣，但並不意味著把自己變成「沉空守寂」的癡呆漢。而應廣學多聞，以認識自己的本心，通達諸佛開示的真理；待人接物和光同塵，不妄自分別人我，從初發心一直到圓滿菩提時，真如自性毫不變易，這就叫作解脱知見香。

善知識！這「自性五分法身香」，主要是用來引導大家各自向內心熏修，不要向外尋覓。

賞析與點評

華香不逆風，芙蓉旃檀香，
德香逆風熏，德人遍聞香。

——《出曜經》（T4.657b6-7）

一天傍晚，阿難在定中觀想：世間以檀香、茉莉香和根香為香之上品，然以上每一種香只能隨風而飄散，世上是否有能逆風飄溢、彌漫八方之妙香？佛陀答道：「修道持戒之人所發出的戒德馨香，既能順風又能逆風飄溢。」（《法句經》，T4.563b8-12）換而言之，持戒守法之人，其高尚品德不僅能莊嚴自己，而且能感化他人，美名遠播，香溢四方。

六祖惠能發揚光大傳統佛教的戒香：在形式上由守持具體的戒條擴充至戒定慧三學以及解脱香、解脱知見香，在內涵上由持戒的外在行為轉化為對內心淨化的五種無相正念心香，以戒香去除是非、善惡、嫉妒、貪、嗔等妄心，以定香去除散亂心，以慧香去除執著心，以解脱香去除攀緣，以解脱知見香去除邪知邪見心。五香並熏，自淨其意，通達諸法空性，見性成佛。

今與汝等授無相懺悔，滅三世罪，令得三業清淨。

善知識！各隨我語，一時道：弟子等，從前念、今念及後念，念念不被愚迷染。從前所有惡業、愚迷等罪，悉皆懺悔，願一時銷滅，永不復起。

弟子等，從前念、今念及後念，念念不被憍誑染。從前所有惡業、憍誑等罪，悉皆懺悔，願一時銷滅，永不復起。

弟子等，從前念、今念及後念，念念不被嫉妒染，從前所有惡業、嫉妒等罪，悉皆懺悔，願一時銷滅，永不復起。

譯文

現在我給你們傳授無相懺悔，以除滅過去、現在、未來三世的罪業，使身口意三業得到究竟清淨。

善知識！大家都各自跟隨我念誦：弟子等，從前念、現念一直到後念，念念都不被愚迷所污染。以前所造作的一切惡業以及愚迷等罪，現在完全以至誠的心懺悔，誓願都能同時消除滅盡，今後永遠不再生起。

弟子等，從前念、現念一直到後念，念念都不被驕狂所污染，以前所造作的一切惡業以及驕狂等罪，現在完全以至誠的心懺悔，誓願都能同時消除滅盡，今後永遠不再生起。

弟子等，從前念、現念，一直到後念，念念不被嫉妒所污染，以前所造作一切惡業以及嫉妒等罪，現在完全以至誠的心懺悔，誓願都能同時消除滅盡，今後永遠不再生起。

賞析與點評

罪業本空由心造，心若亡時罪亦滅；
心亡罪滅兩俱空，是則名為真懺悔。
——古德

僧璨身患風疾，疼痛難忍，自以為業障深重，請二祖慧可為他懺悔。二祖爽快地答應了：「將罪來，與汝懺。」僧璨找了很久都拿不出他的罪障，不得不說：「覓罪不可得。」二祖意味深長地說：「既然如此，我已經把你的罪障懺悔淨盡了。」僧璨恍然大悟。

慧可啟發僧璨領悟，罪性不在內，不在外，不在中間，罪性本空，由心所造。不論戒罪或性罪，一旦悟入一切諸法的本性皆空，實相無相，真性無性，便頓時消滅，稱為理懺。惠能的無相懺悔，正是理懺的進一步承襲和延續，要求懺悔從自心入手，從當下一念開始，對心中生起的愚迷、憍誑、嫉妒等進行懺悔，使之不再生起，回歸本來清淨的心，達到明心見性的目的。這體現了禪宗尚一心的宗旨，也將懺悔落實到了念念之間。

善知識！已上是為無相懺悔。云何名懺？云何名悔？懺者，懺其前愆。從前所有惡業，愚迷憍誑嫉妒等罪，悉皆盡懺，永不復起，是名為懺；悔者，悔其後過，從今已後，所有惡業，愚迷憍誑嫉妒等罪，今已覺悟，悉皆永斷，更不復作，是名為悔，故稱懺悔。凡夫愚迷，只知懺其前愆，不知悔其後過。以不悔故，前罪不滅，

後過又生；前罪既不滅，後過復又生，何名懺悔？

譯文

善知識！以上就是無相懺悔。什麼叫作懺？什麼叫作悔？所謂懺，就是坦白承認自己以前所造下的罪業。對以前所有的惡業：愚昧迷惑、驕狂傲妄、嫉妒等等罪過，全部都坦白承認，永遠都不再重犯，這叫作懺。所謂悔，反思悔改以斷除今後會造的罪業。從今以後，所有惡業、愚昧迷惑、驕狂傲妄、嫉妒等等罪過，現在都已覺知開悟，將全部永遠斷絕，更不會再次造作，這就叫作悔，所以稱為懺悔。

凡夫俗子愚昧迷惑，只知道懺說坦白他以前所造罪業，而不知道反思悔改以絕除他今後會造的罪業。由於不懂悔改，前面的罪業還未滅盡，後面的罪過又新生起；前面的罪業既然不能滅盡，後面的罪過又重新生起，這叫什麼懺悔呢？

賞析與點評

法國化學家維克多．格林尼亞出生在一個百萬富翁家庭，從小養成了遊手好閒、揮金如土的習氣，被人們視為花花公子。二十一歲那年，他在一次宴會上對一位年輕美貌的巴黎女郎一見鍾情，沒料到這位女郎卻冷冰冰地說道：「請站遠一點，我最討厭被花花公子擋住視線。」格林尼亞羞愧難當，遂隱姓埋名，發奮求學。在菲力浦．巴爾教授的精心指導下，他發現了「格式試劑」，發表學術論文兩百多篇。一九一二年，瑞典皇家科學院授予他諾貝爾化學獎。

「人非聖賢孰能無過，過而能改善莫大焉。」懺悔是知錯能改的轉折點。「懺」就是對以前所犯的錯誤來一個徹底的反思，正如惠能說：「懺者，懺其前愆；從前所有惡業、愚迷、憍誑、嫉妒等罪，悉皆盡懺，永不復起，是名為懺。」維克多．格林尼亞遭到心儀女郎的鄙視後，痛定思痛，意識到淪為花花公子的嚴重後果，深為後悔，從而在心靈深處產生了一股改過自新的強大動力，今後不再重複同樣的錯誤，這就是「悔」的力量與功能，「悔者，悔其後過，從今以後，所有惡業，愚迷憍誑嫉妒等罪，今已覺悟，悉皆永斷，更不復作，是名為悔。」由此觀之，懺悔是人生向上的轉折點。

善知識！既懺悔已，與善知識發四弘誓願，各須用心正聽，「自心眾生無邊誓

願度，自心煩惱無邊誓願斷，自性法門無盡誓願學，自性無上佛道誓願成。」

善知識！大家豈不道眾生無邊誓願度，恁麼道，且不是惠能度。

善知識！心中眾生，所謂邪迷心、誑妄心、不善心、嫉妒心、惡毒心，如是等心，盡是眾生。各須自性自度，是名真度。

何名自性自度？即自心中邪見煩惱愚癡眾生，將正見度。既有正見，使般若智打破愚癡迷妄眾生，各各自度。邪來正度，迷來悟度，愚來智度，惡來善度。如是度者，名為真度！

又煩惱無邊誓願斷。將自性般若智，除卻虛妄思想心是也。又法門無盡誓願學，須自見性，常行正法，是名真學。又無上佛道誓願成，既常能下心，行於真正，離迷離覺，常生般若，除真除妄，即見佛性，即言下佛道成。常念修行，是願力法。

譯文

善知識！既然已經懺悔得清淨，現在再與大家一起發四弘誓願，大家各自需要正心誠意，用心聽取：自心的眾生無邊，我誓願度盡；自心的煩惱無邊，我誓願斷盡；自性裏的法門無量，我誓願修學；自性的佛道無上，我誓願成就。

善知識！大家不是都說「眾生無邊誓願度」嗎？這樣說，並不是惠能我來度你們各位，而是自性自度。

善知識！心中的眾生，就是我們所說的邪迷之心、誑妄之心、不善之心、嫉妒之心、惡毒之心等等，如是種種不善之心，都是心中的眾生，大家應該自性自度，這才叫作真度。

什麼叫作自性自度呢？就是將自己心中的邪見、煩惱、愚癡等「眾生」，用正見來度。既然有了正見，就能運用般若智慧來打破愚癡迷妄的眾生，各各自性自度。邪見來時用正見度，執迷來時用覺悟度，愚癡來時用智慧度，惡念來時用善念度，這樣來度心中的眾生，就叫作真度。

另外，煩惱無邊誓願斷，就是運用自性般若智慧除去虛妄思想之心。法門無盡誓願學，必須自己照見本性，常常實踐正法，這就叫作真學。無上佛道誓願成，就是要經常深入到心中，在心中按真正的佛法修心，不執著於愚迷也不執著於覺悟，常常生起般若智慧，不落於真實也不落於虛妄，就能見到自己的佛性，也就能在一言之下悟道成佛。能夠時時念念修行這四弘誓願，這就是發心立願的法門！

賞析與點評

如果人生是一條船，那麼，堅定的信念就是決定人生方向的舵，願力則是驅使船前進的動力。願力是心甘情願地去做自己喜歡的事。願力越大，推動人生之舟的動力越大，可幫助我們戰勝激流險灘、暗礁漩渦，直至彼岸。至此，我們便不難理解，為什麼佛教徒特別重視發四弘誓願，「眾生無邊誓願度、煩惱無盡誓願斷、法門無量誓願學、佛道無上誓願成。」

一般人認為心外真有眾生可度，有煩惱可斷，有法門可學，有佛道可成，惠能卻持不同的觀點，認為如果心外有眾生可度、有煩惱可斷、有法門可學、有佛道可成，那是二法。執著攀緣隨之而起，不可能解脱自在。他在四弘誓願的每一願之前加上「自心」、「自性」，便將四弘誓願改成「自性自度」的利器：發願以正見救度心中邪迷、誑妄、不善、嫉妒、惡毒等眾生，以自性般若智除去虛妄分別煩惱，以覺悟自見性為修學佛法的最上法門，以明心見性成就佛道。六祖惠能告誡人們，只有覺悟自己的自性，才能自性自度，這才是成就佛道唯一可行的法門。

善知識！今發四弘願了，更與善知識授無相三皈依戒。

善知識！皈依覺，兩足尊；皈依正，離欲尊；皈依淨，眾中尊！從今日去，稱覺為師，更不皈依邪魔外道，以自性三寶常自證明。勸善知識，皈依自性三寶。

譯文

善知識！現在我們發過四弘誓願了，再給各位善知識傳授無相三皈依戒。

善知識！皈依覺，就是皈依福德、智慧兩者圓滿的至尊；皈依正，就是皈依遠離塵慾的至尊；皈依淨，就是皈依眾生敬重的至尊。從今以後，應當稱覺者為本師，再也不去皈依其他邪魔外道，常常以自性中的佛法僧三寶來印證自己的修為。奉勸各位善知識，要皈依自性三寶。

賞析與點評

對在茫茫大海上飄蕩的人來說，船便是最好的皈依；對長年在外打工的人來說，家是最好的皈依；對嗷嗷待哺、嬌小柔弱的嬰兒來說，母親是最好的皈依。同樣，對在生死大海中掙扎的人來說，三寶是最可靠的皈依。皈依佛法僧三寶是步入佛門的第一步，極為重要。傳統的做法是：皈依者在大殿佛像前，依止某位僧人，完成三皈儀式。這通常被稱為皈依住持三寶，只是入道的方便。由「皈依」二字的組成來看，「白」與「反」二字組成「皈」，取反染成淨之意。修行到一定的階段，必須從皈依住持三寶過渡到皈依自心三寶，即皈依自性中的覺、正、淨三寶，才能真正轉迷成悟，轉染成淨。這是惠能傳授無相三皈依的最大特色。

佛者，覺也；法者，正也；僧者，淨也。

自心皈依覺，邪迷不生，少欲知足，能離財色，名兩足尊。

自心皈依正，念念無邪見，以無邪見故，即無人我貢高，貪愛執著，名離欲尊。

自心皈依淨，一切塵勞愛欲境界，自性皆不染著，名眾中尊。

若修此行，是自皈依。凡夫不會，從日至夜受三歸戒。若言皈依佛，佛在何處？若不見佛，憑何所歸，言卻成妄。

善知識！各自觀察，莫錯用心。經文分明言自皈依佛，不言皈依他佛。自佛不歸，無所依處。今既自悟，各須皈依自心三寶，內調心性，外敬他人，是自皈依也。

譯文

所謂佛，就是覺者；所謂法，就是正見；所謂僧，就是清淨。

自心皈依覺，則邪迷之念不生，少慾知足而能遠離財色，所以叫作福慧具足的至尊。

自心皈依正，念念都無邪見，因為沒有邪見，就沒有人我、高傲、貪愛等執著，所以叫作遠離塵慾的至尊。

自心皈依淨，在一切塵勞愛慾的境界中，自性都不被「染著」，所以叫作眾生敬重的至尊。

如果能如此修行，就是自性皈依。一般凡夫不能理解無相皈依，所以從早到晚求受形式上的三皈依戒；如果說皈依佛，佛在哪裏呢？如果見不到佛，憑藉什麼來作為自己皈依的對象呢？所以說皈依佛反成為妄語。

善知識！各各自己觀察，不要錯用了心，佛經上明明白白地講到「自皈依佛」，沒有講到「皈依他佛」。自我本心的佛不去皈依，就沒有可以皈依的地方了。

今天既然自我開悟，各自須要皈依自我本心中的三寶。對內調適心性，對外尊重他人，這就是自我皈依了。

賞析與點評

佛印了元禪師與蘇東坡在郊外散步時，看到一尊觀音像手持念珠，作合掌念佛狀，佛印見觀音就下拜，而蘇東坡卻不解地說：「我們需要念佛拜觀音，觀音手持念珠又在念誰呢？」「觀音念的是自己。」佛印淡淡地說。

「迷時師度，悟了自度。」惠能一貫主張，初學者須借助於大殿上的佛像、三藏十二部經和僧團（住持三寶）步入正道；一旦入門，心外求法了不可得，必須「自性自度」，從心入手轉迷成悟（佛），轉邪見為正見（法），轉染成淨（僧），才是悟道的正途。這就是惠能無相三皈的主要內容。這種見解並非惠能自創，而是早已隱含在三皈依文中，「自皈依佛，當願眾生，體解大道，發無上心。」文中明確指出，皈依三寶之人是自己皈依三寶，從心靈深處領悟無上成佛大道，發心救度正在受苦的人。惠能把「自皈依」進一步解釋為皈依自心三寶，即皈依自性佛、內心的正見和清淨。由此，明心見性，悟道成佛。

善知識！既皈依自三寶竟，各各志心，吾與說一體三身自性佛[1]**，令汝等見三**

身，了然自悟自性。總隨我道：「於自色身，皈依清淨法身佛；於自色身，皈依圓滿報身佛；於自色身，皈依千百億化身佛。」

善知識！色身是舍宅，不可言歸。向者三身佛在自性中，世人總有；為自心迷，不見內性，外覓三身如來，不見自身中有三身佛。汝等聽說，令汝等於自身中，見自性有三身佛。此三身佛，從自性生，不從外得。

注釋

1 一體三身自性佛：指皈依自性本來具足之法身、報身、化身三身佛。

譯文

善知識！既然皈依自性三寶完畢，現在請各位再專心諦聽！我給你們說「一體三身自性佛」，使你們都能夠見到自性三身，明白地覺悟自己的真如自性。請大家跟隨我念：「就在自己的色身中皈依清淨法身佛，就在自己的色身中皈依圓滿報身佛，就在自己的色身中皈依千百億化身佛。」

善知識！色身猶如我們自己的住宅一般，不能說是我們最終的皈依處所。剛才所說的法身、報身、化身這三身佛，都在我們的自性之中，世間每個人都具有。只因自己的心性被無明所迷惑，不能見到內在的自性，而總是向外去尋覓三身佛，卻看不見自性身中本來就具有的三身佛。你們聽我說法，能使你們見到自性所具有的三身佛。這三身佛是從自性中出生，並不是從外面可以尋得的。

賞析與點評

菩薩清涼月，遊於畢竟空。眾生心水淨，菩提影現中。
忍觀伏塵勞，波澄泥著底。八風動地來，塵勞還復起。
覺海性澄圓，浪時無不渾。即渾即澄澈，個是涅槃門。

——宋．黃庭堅

宋代黃庭堅（一〇四五—一一〇五）在《澄心亭頌》中以月為喻，形象地說明了法身、報身、化身「一體三身自性佛」，並非存在於人身之外，而存在於人自性中。天上的月亮如同我們的法身，高高掛在萬里無雲的天空。修禪行之前，煩惱的心如同渾濁的湖水，難以映出佛性、明月；禪修如同淨化水的過程，水淨心明，湖水映月，如同清淨的心顯示千萬億化身。月之光華，如同我們的報身，所以惠能說：「三身佛，從自性生，不從外得。」

何名清淨法身佛？世人性本清淨，萬法從自性生。思量一切惡事，即生惡行；思量一切善事，即生善行。如是諸法在自性中，如天常清，日月常明，為浮雲蓋覆，上明下暗。忽遇風吹雲散，上下俱明，萬象皆現。世人性常浮游，如彼天雲。善知識！智如日，慧如月，智慧常明。於外著境，被自念浮雲蓋覆自性，不得明朗；若遇善知識，聞真正法，自除迷妄，內外明徹，於自性中萬法皆現。見性之人，亦復如是，此名清淨法身佛。

譯文

什麼是清淨法身佛呢？世人的心性本來清淨無染，一切萬法都由自性而生。如果心中思量一切惡事，會產生惡的行為；如果心中思量一切善事，就會產生善的行為。由此可見，善、惡諸法都在自性中，就好像天空本來常清、日月本來常明，只因為被浮雲遮蔽而上明下暗。忽然一陣風吹來，把浮雲吹散，天空自然上下全部光明透徹，世間萬物皆清清楚楚地顯現出來。世人心性，常常是飄忽不定，妄想紛飛，就好像那天空的浮雲。

善知識！智就像太陽，慧就像月亮，智慧就像日月光明朗照。自心一旦執著於外境，就被妄念一般的浮雲遮蓋罩覆了自我本性，自性的智慧之光無法顯現出來。

如果遇到善知識，聽聞了真正的佛法，自我除卻愚迷癡妄，內外通明透徹，在自我本性中，世間萬法自然一一顯現。見性的人也是如此。這就叫清淨法身佛。

賞析與點評

若人靜坐一須臾，勝造恆沙七寶塔。
寶塔終究化為塵，一念靜心成正覺。
——文殊菩薩化身比丘之侍者均提童子

唐朝無著禪師朝禮五台，在金剛窟參禮文殊菩薩化身之比丘，彼此對答，禪機盎然。無著離開時，文殊菩薩化身比丘之侍者均提童子唱此偈道別。

佛在心中，修從性作，這是佛法的核心義理，但修行人往往忘卻核心與根本，終日奔波，四處求道，心外求法，身心疲憊，妄念有增無減，離正道越來越遠。若能受大善知識的指點，領悟無須心外覓道，應從自心上下功夫，去除貪嗔癡等妄念，「內外明徹，於自性中萬法皆現」，這才是真正的清淨法身佛。

善知識！自心皈依自性，是皈依真佛。自皈依者，除卻自性中不善心、嫉妒心、諂曲心、吾我心、誑妄心、輕人心、慢他心、邪見心、貢高心，及一切時中不善之行；常自見己過，不說他人好惡，是自皈依。常須下心，普行恭敬，即是見性通達，更無滯礙，是自皈依。

譯文

善知識！自我本心歸於自我本性，就是皈依了真正的佛。自我皈依的人，除去自我本性中的不善之心、嫉妒之心、諂曲之心、固執己見之心、誑妄心、輕慢他人之心、對人傲慢心、邪見心、妄自尊大的貢高心，以及時時刻刻的不善的行為；常常識見自己的罪過，不議論他人的好壞善惡，就是自我皈依。常常立下決心，一切都奉行恭敬，就是識見本性，通達無礙，更無滯塞，就是自我皈依。

賞析與點評

紙畫木雕泥塑成，現成真佛甚分明。
皈依不是他家事，福德還從自己生。
——古德

楚國有一個獵人以猴肉招待鄰居，鄰居誤以為是狗肉，吃得津津有味，讚不絕口。飯後閒聊，獵人得意地問鄰居：「猴肉味道如何？下次我再請你吃。」鄰居聽後嘔吐不止，抱怨獵人未有告訴他實情，害得他現在受這麼大的罪。

這則故事令人反思，吃猴肉時心中還美滋滋的鄰居，聽說吃的是猴肉，反應反而很大，這說明「心」才是自己生命的主宰。六祖惠能在給弟子們授皈依時，要求大家皈依自我本性，從學會謙恭忍讓、不議論他人是非入手，以參禪悟道去除邪迷心、誑妄心、不善心、嫉妒心、惡毒心，「內調心性，外敬他人」，一念清淨，見性通達，成就佛道。這才是真正意義上的自我皈依。

何名圓滿報身？譬如一燈能除千年暗，一智能滅萬年愚。莫思向前，己過不可得；常思於後，念念圓明，自見本性。善、惡雖殊，本性無二。無二之性，名為實性。於實性中，不染善惡，此名圓滿報身佛。

自性起一念惡，滅萬劫善因；自性起一念善，得恆沙[1]惡盡。直至無上菩提，

念念自見，不失本念，名為報身。

注釋

1 恆沙：比喻數量無窮多。

譯文

什麼叫作圓滿報身呢？譬如一燈能破除千年的黑暗，一智能滅除萬年的愚癡。不要經常回想以前的事，已經過去的事不可能重新來一遍，要常思量以後的行為，念念圓明，自然能見到自心本性。

善與惡雖然不同，但是從本體上講並不是兩種截然不同的東西。這無二之性，就叫作實性。在實性中，不會有善惡分別之執著心，這就叫作圓滿報身佛。

自性若起一念之惡，便能斷滅萬劫所修善因；自性若起一念之善，就能使得恆河沙一樣多的惡業消失滅盡。從初發心一直到成就無上菩提，念念之間自見本性，不失正念，這就叫作報身。

賞析與點評

一位盲者拜訪朋友，相談甚歡。入夜天黑，盲者臨走時，向朋友要一隻燈籠照亮回家的路。朋友感到很奇怪：「你要燈籠做什麼，白天黑夜，應該對你沒有太大的影響啊？」「我雖然無須燈籠照路，但有了燈籠，別人就可以看到我啊。這樣大家就不會撞到一塊兒了。」盲者解釋道。

燈籠就如同人們心中追求真理的明燈，「一燈能除千年暗，一智能滅萬年愚。」一念悟，點燃心燈，驅走心中的陰霾，自性中的一念善心起，「得恆沙惡盡，直至無上菩提，念念自見，不失本念，名為報身。」

何名千百億化身？若不思萬法，性本如空。一念思量，名為變化。思量惡事，化為地獄；思量善事，化為天堂。毒害化為龍蛇，慈悲化為菩薩，智慧化為上界，愚癡化為下方。自性變化甚多，迷人不能省覺，念念起惡，常行惡道；回一念善，智慧即生，此名自性化身佛。

譯文

什麼叫作千百億化身呢？如果不思量萬法，自性本來就如虛空；如果對萬法有了一念的思量，就叫作變化。思量惡事時，自心就能變化為地獄的境界；思量善事時，自心就能變化為天堂的境界；生起毒害之念時，自心就能變化為龍蛇的境界；生起慈悲之念時，自心就能變化為菩薩的境界；自性流露智慧時，自心就能變化為上界諸天的境界；自性執迷愚癡時，自心就能變化為下方地獄、餓鬼、畜生三道的境界。

自我本性變化是非常多的，愚迷之人不能夠內省覺悟。念念生起惡念，常常踐行惡道；當一個善念回轉，智慧則又立刻生起。這叫作自性化身佛。

賞析與點評

若人欲了知，三世一切佛，
應觀法界性，一切唯心造。
——《華嚴經．夜摩宮中偈讚品》

據說，達．芬奇在繪製《最後的晚餐》時，曾在米蘭大教堂找來一位眼睛明亮、溫柔善良的唱詩班男童，以他為模特兒畫耶穌像。因達・芬奇一直沒有找到詭詐、狡猾的猶大模特兒，《最後的晚餐》一直被擱置，無法完成。很多年後的一天，達・芬奇路過貧民區的一家小酒吧門口，發現一個一臉貪婪、邪惡的男人，十足是猶大的翻版，但有些面善，便好奇地問：「我們是否曾見過面？」一陣沉默後，那人扭捏地說：「是的，幾年前我就是你畫耶穌時的模特兒……」

歲月逼人，心在變，臉在變，人性也在變，同樣的人已變成另外一個人。「一念思量，名為變化。」而人念念思量，念念在變化中。一念善心起，人便向上變化。念念向善，智慧便日日增長，這才是真正意義上的「自性化身佛」。化身佛並不是實有，也不是虛無，而是隨心變化，而有千百億化身。正如《楞伽經參訂疏》云：「如月印千江，月非多體。然而千江月影，不可云無，有亦無實。」（X18.52b19）

善知識！法身本具，念念自性自見，即是報身佛；從報身思量，即是化身佛。自悟自修自性功德，是真皈依。皮肉是色身，色身是舍宅，不言皈依也。但悟自性三身，即識自性佛。

譯文

善知識！法身本來人人具足，念念得見自性，就是報身佛。從報身上思量萬法，發智起用，就是化身佛。自己覺悟，自己修行自性功德，就是真皈依。皮肉就是色身，色身如同住宅，不可能是皈依之處。只要能悟到自我本性中存在三身佛，就是認識自性佛。

賞析與點評

泥塑木雕兼彩畫，堆青抹綠更裝金。
若言此是如來相，笑殺南無觀世音。

——古德

一個寒冷的冬夜，丹霞禪師到一個寺院裏掛單，在大殿中覺得很冷，就隨手從佛座上請下幾尊木像，燃燒取暖。寺中僧人很快就發現了，高聲斥責：「佛像是用來拜的，你怎能拿來燃燒取暖?!」丹霞禪師說：「我燒佛像是為了取舍利。」這下更讓寺僧迷糊：「木佛焉有舍利？」丹霞禪師說：「既然木佛燒不出舍利，多燒幾尊又何妨?!」

丹霞禪師燒佛像的公案表明，佛像不等於如來的丈六應化身，而應化身不等於佛的真身

（法身）。一個人若執著於佛像、應化身為真佛，便是心外求佛；只有徹底破除對偶像、佛的應化身乃至諸法名相的執著，才能照見諸法的本質——實相無相，悟無所得，即是解脫成佛。「實相」在法為「法性」，在佛為「法身」，在眾生即是「佛性」。從這種意義上講，法身才是我們真正的皈依處，而非皮肉色身、泥塑木雕之像！

吾有一無相頌，若能誦持，言下令汝積劫迷罪，一時銷滅。頌曰：

迷人修福不修道，只言修福便是道；
布施供養福無邊，心中三惡元來造。
擬將修福欲滅罪，後世得福罪還在；
但向心中除罪緣，名自性中真懺悔。
忽悟大乘真懺悔，除邪行正即無罪；
學道常於自性觀，即與諸佛同一類。
吾祖惟傳此頓法，普願見性同一體；

若欲當來覓法身，離諸法相心中洗。
努力自見莫悠悠，後念忽絕一世休；
若悟大乘得見性，虔恭合掌至心求。

師言：善知識！總須誦取，依此修行，言下見性，雖去吾千里，如常在吾邊；於此言下不悟，即對面千里，何勤遠來？珍重！好去。

一眾聞法，靡不開悟，歡喜奉行。

譯文

我有一首無相頌，如果能讀誦受持，就能使你們累劫多生以來因迷惑所造的罪業在言下頓時消滅。頌說：

迷人只知修福不知修道，因此誤認修福就是修道；
佈施供養雖能得無邊福，原來是由心中三惡造作。
如果想以修福來滅罪業，來世即使有福罪業還在；
只有向自心中根除罪緣，各自在自性中行真懺悔。
倘能頓悟大乘真懺悔法，去邪迷行正道就能無罪；
學道能夠經常觀照自性，就和十方諸佛等同一類。

我的祖師只傳頓教法門，普願大家見性同證佛體；

如果想要未來獲得法身，必須離諸法相心中如洗。

努力自見性不要空蹉跎，否則後念忽斷此生休矣；

若想覺悟大乘見自本性，虔誠恭敬合掌至心祈求。

六祖惠能說：善知識！全部都要念誦記取，依照這個頌去修行。當下識見本性，你們即使離我有千里之遙，也好像時時都未離開我身邊。如果當下不能開悟，即使我們面對面，也好似遠隔千里，更何苦辛勤遠道而來呢？好好自我珍重！都回去吧。

大家聽聞了佛法，沒有不開悟的，都內心歡喜，信奉修行。

賞析與點評

以上《無相頌》是對本品的總結。傳統的受戒、懺悔儀規僅僅是藉以修心的一種方便。六祖惠能通過般若空觀引導弟子見諸法如實相，於相離相，於當下這一念悟諸法畢竟空之理，便能直指人心，返本歸元，人人本具的清淨佛性便能顯現出來。與此同時，六祖惠能又以《涅槃經》中「一切眾生皆有佛性」（T12.404c5）的理論開導弟子，人人本具的佛性中含一切善法，包括清淨戒。清淨的佛性，就是戒的本源所在；頓悟清淨本性，才是受無相戒、行無相懺悔的精髓所在，這與《梵網經》中「一切眾生戒本源自性清淨」之大乘戒法是一脈相承的。

機緣品第七

本篇導讀——

佛教把「苦」列為四聖諦之首，而眾苦中與生俱來的生、老、病、死苦，更是人生不可抗拒的自然規律，任何人都無法逃避。培養事業繼承者成為世界各行各業不敢輕視的嚴肅課題。有「全球第一 CEO」和「企業界一代宗師」殊榮的傑克．韋爾奇（Jack Welch）曾說：「花十年的工夫培養一個合格經理的時間不算長。」惠能則花了一生的心血調教自己的傳法人。本品記錄了惠能與法海、法達、智通、智常、志道、行思、懷讓、永嘉玄覺、智隍和方辯等十大得法弟子的機鋒對話，展示六祖惠能是如何調教弟子，使他們領悟「成一切相即心，離一切相即佛」、「於相離相，於空離空」、「說似一物即不中」等頓悟法門的核心理論。

師自黃梅得法，回至韶州曹侯村，人無知者。
時，有儒士劉志略，禮遇甚厚。志略有姑為尼，名無盡藏，常誦《大涅槃經》。
師暫聽，即知妙義，遂為解說，尼乃執卷問字。
師曰：字即不識，義即請問。
尼曰：字尚不識，焉能會義？
師曰：諸佛妙理，非關文字。
尼驚異之，遍告里中耆德云：此是有道之士，宜請供養。
有魏武侯玄孫曹叔良及居民，競來瞻禮。

譯文

六祖惠能從黃梅五祖弘忍大師那裏得受衣法之後，來到韶州曹侯村，當時並沒有人知道他的事。當時，村中有一位儒士叫劉志略，對六祖惠能禮敬有加。劉志略有個姑母出家為尼，法名無盡藏，經常念誦《大涅槃經》。惠能一聽，就知道經中所說的妙義，於是就替她解說經義。無盡藏於是手拿經卷請教惠能經中的文字。
惠能說：經文中的字，我還不認識，但是義理方面的疑問盡可以問。
尼姑無盡藏說：連字都不認識，怎麼能體會經文要義呢？

惠能說：一切諸佛所講的微妙義理，並非在文字上。

尼姑無盡藏聽後十分驚訝，就到處去轉告鄉里年高德重的長者說：這是個有道行的人，應該請來好好供養。

於是魏武侯曹操的玄孫曹叔良和附近的居民，都爭相前來瞻仰禮拜六祖惠能。

賞析與點評

師兄弟二人在柏樹下參禪。一粒柏樹籽落在師弟頭上，師弟問師兄：「柏樹籽是否有佛性？」師兄答道：「柏樹籽當然有佛性！」「柏樹籽何時能成佛？」「虛空落地時。」師弟繼續追問：「虛空何時落地？」師兄從容答道：「柏樹籽成佛時。」

這種看似有答案卻永無定論的文字遊戲，形象地道出了人們執相之害的情形。人們誤以為柏樹籽與佛性、男與女、空與有、好與壞、大與小、長與短、得與失等表面的分別相為客觀的存在，真實不虛，因而產生種種執著，爭鬥與煩惱由此而生。《楞伽經》中將愚人執著語言文字所帶來的煩惱，比喻為如大象陷入泥潭，越陷越深，不能自拔。所以惠能告誡人們，「諸佛妙理，非關文字」。

時，寶林古寺自隋末兵火已廢，遂於故基重建梵宇，延師居之，俄成寶坊。師住九月餘日，又為惡黨尋逐，師乃遁於前山，被其縱火焚草木，師隱身挨入石中得免。石今有師趺坐膝痕，及衣布之紋，因名「避難石」。師憶五祖懷會止藏之囑，遂行隱於二邑焉。

譯文

那個時候，寶林古寺自從經過隋朝末年的戰火兵災，已經成為廢墟，於是人們就在古寺的舊基地上重建佛寺，禮請六祖前往住持。不久，寶林寺就成了佛教聖地。六祖在寶林寺住了九個多月，又被惡勢力尋至追殺，他就隱避在寺前山中，後來惡人又放火焚燒前山的草木，六祖勉強將身體擠進大石頭的縫隙中隱藏，才得免於被害。直至今日，那塊石頭上還留著六祖結跏趺坐的膝蓋痕跡，以及所穿衣服的布紋，歷千年不損，後人稱此石為「避難石」。六祖惠能想起了五祖曾說的「逢懷則止，遇會則藏」的話，於是就在懷集、四會二縣境內隱居下來。

賞析與點評

寶林寺落成後，惠能在此僅住了九個月，又遭「惡勢力」追殺。惠能在逃難時又想起了師父的提醒，「汝今好去，努力向南，不宜速說，佛法難起……逢懷則止，遇會則藏。」這種預見性的寫法，在中國古典小說中極為常見，說明《六祖壇經》的創作思路或多或少受唐代傳奇小說寫作手法的影響。由此我們不難理解，《六祖壇經》不僅在思想上吸納了儒家倫理道德的條目，而且在寫作風格上也應用了中國人所熟悉的傳奇體裁。這就是為什麼《六祖壇經》能成為中國人最喜愛的佛教典籍的原因之一吧。

僧法海，韶州曲江人也。初參祖師。

問曰：即心即佛，願垂指諭。

師曰：前念不生即心，後念不滅即佛；成一切相即心，離一切相即佛。吾若具說，窮劫不盡。聽吾偈曰：

即心名慧，即佛乃定；定慧等持，意中清淨。
悟此法門，由汝習性；用本無生，雙修是正。
法海言下大悟，以偈讚曰：
即心元是佛，不悟而自屈；我知定慧因，雙修離諸物。

譯文

僧人法海，唐朝韶州曲江縣人，初次參禮六祖時問道：即心即佛是什麼意思，祈求和尚慈悲為我解說。

六祖惠能說：對前念不生執著，這就是覺心；不要讓覺心斷滅，當下就是佛。對外界事物產生分別執著，是妄心；對外界事物不起分別執著心，於相而離相，即是佛。這個問題如果要我詳細解說，縱使經過無量劫的時間也是述說不盡。聽我說偈：

無念之心名為慧，離相即佛就是定；定慧須均等修持，心意自然常清淨。
能悟此頓教法門，由你習性所自得；定體慧用本無生，定慧雙修才是正。

法海在六祖的開示下豁然大悟，於是以偈讚歎說：
無念的心原來就是佛，不能覺悟而自我委屈；我已明白定慧的正因，當定慧雙修離一切相。

賞析與點評

水在常溫下為液體，在攝氏零度以下為冰，一百度以上為蒸汽。水、冰與蒸汽只是水在不同溫度下的不同表現形式，從本質上講，三者並不是性質完全不同的東西。同理，心如同水，悟如同溫度，心隨覺悟程度不同而呈現出眾生相和佛相。仍執著於前念所接觸的事物，是妄心，即是眾生，這是「非心非佛」之本意；明明白白地觀照當下的事物而不將其帶到下一念，於相而離相，就是覺心，即是佛。在這種意義上，覺心即是佛，這就是「即心即佛」之本意。

僧法達，洪州人，七歲出家，常誦《法華經》。來禮祖師，頭不至地。師訶曰：禮不投地，何如不禮？汝心中必有一物，蘊習何事耶？

曰：念《法華經》已及三千部。

祖曰：汝若念至萬部，得其經意，不以為勝，則與吾偕行。汝今負此事業，都不知過。聽吾偈曰：

禮本折慢幢[1]，頭奚不至地？
有我罪即生，亡[2]功福無比。

注釋

1 慢幢：我慢心一起，自負其高，猶如說法時高聳之幢，所以將慢心比喻為慢幢。

2 亡：通「無」。

譯文

僧人法達，洪州人，七歲出家，常常念誦《法華經》。他來禮拜六祖惠能，行禮時頭卻不觸到地面。

六祖呵斥道：頂禮頭不觸地，與不頂禮有何不同？你心中肯定執著於一個事物，平時都修行什麼？你心中肯定自負某事，你究竟學有何專長呢？

法達說：我念誦《法華經》已經達到三千部了！

六祖惠能說：你如果念到上萬部，得悟經文大義，便不會覺得自己勝過別人，那就能和我並肩同行。你現在竟以誦經千部而自負，一點也不知道自己的過失。先聽我說偈：

頂禮本為折伏慢心之幢，為何頂禮時頭不著地？

心中存有我，罪業即生起，無求功之念，能獲福無量。

賞析與點評

空門不肯出，投窗也太癡；

千年鑽故紙，何日出頭時。

——唐．古靈禪師

一天，古靈禪師的師父在窗下讀經，正好有一隻蒼蠅因為被紙窗擋住了，怎麼飛也飛不出去，把窗戶紙撞得吱吱作響。古靈禪師趁機啟發其師而寫了以上的詩。蒼蠅因不曉得飛出房屋的正途，只能拚命往窗戶上撞，即使勞累至死也不會成功！同理，只醉心於佛教的義理學習，即使看一輩子的經，也如同這隻蒼蠅，無法找到悟道的正途。六祖惠能因而提醒法達，即使誦三千遍《法華經》，也只是「鑽故紙」的知解之徒，不但對心地沒有多大受用，反而會衍生出傲慢心。這對悟道不但無益，反而有害！

師又曰：汝名什麼？
曰：法達。
師曰：汝名法達，何曾達法?!
復說偈曰：
汝今名法達，勤誦未休歇；空誦但循聲，明心號菩薩。
汝今有緣故，吾今為汝說；但信佛無言，蓮華從口發。

譯文

六祖惠能又問道：你叫什麼名字？
法達說：名叫法達。
六祖惠能說：你名字叫法達，何曾通達妙法？
於是又說偈：
現在你的名字叫法達，精勤誦念經典不曾暫息；這只是隨著聲音空在口頭誦念，
必須經義明心才能號稱菩薩。
今日和你有這段因緣，所以現在我為你宣說法義；
只要信佛本無言說法，妙法蓮花自然從口發。

賞析與點評

如果有人把佛陀所講的法當成是真理本身，這是不解佛說法之深意。因為宇宙人生的真相是「言語道斷，心行處滅」。（《菩薩瓔珞本業經》，T24.1019c23-24）《金剛經》因而說：「須菩提！汝勿謂如來作是念：我當有所說法。莫作是念！何以故？若人言『如來有所說法』，即為謗佛，不能解我所說故。須菩提！說法者，無法可說，是名說法。」惠能提醒法達，「但信佛無言」，妙法由心悟，才能享受誦《法華經》的妙用。

達聞偈，悔謝曰：而今而後，當謙恭一切。弟子誦《法華經》，未解經義，心常有疑。和尚智慧廣大，願略說經中義理。

師曰：法達！法即甚達，汝心不達。經本無疑，汝心自疑。汝念此經，以何為宗？

達曰：學人根性暗鈍，從來但依文誦念，豈知宗趣！

師曰：吾不識文字，汝試取經誦一遍，吾當為汝解說。法達即高聲念經，至《譬喻品》。師曰：止！此經元來以因緣出世為宗。縱說多種譬喻，亦無越於此。何者因緣？經云：「諸佛世尊，唯以一大事因緣，出現於世。」一大事者，佛之知見也。世人外迷著相，內迷著空；若能於相離相，於空離空，即是內外不迷。若悟此法，一念心開，是為開佛知見。

譯文

法達聽了偈後，向六祖懺悔謝罪說：從今以後，我一定對一切謙虛恭敬。弟子雖然誦持《法華經》，卻不了解經文要旨，所以心中常有疑惑。和尚智慧深廣博大，懇請為我略微講說該經要義。

六祖惠能說：法達！佛法本是教人通達。而你的本心愚迷而無法通達。佛經原本不存在什麼疑惑，是你自心起了疑惑。你所念的經，可知道它以什麼為宗旨嗎？

法達說：弟子根性愚鈍，從來只知道依經文念誦，哪裏會知道以什麼為該經宗旨啊！

六祖惠能說：我不認得字，你先把佛經拿來念誦一遍，我為你講解。

法達立刻大聲念誦經文，念到《譬喻品》時，六祖惠能說：停！這部經原本是以

「佛為一大事因緣出現於世」為宗旨的。縱然說了再多種比喻，也不會超越這個宗旨。什麼是因緣呢？佛經上說，「諸佛世尊都只為一大事因緣所以出現於世間」，所謂一大事，就是佛的真知正見。世間的人不是向外迷惑執著諸相，就是心內迷惑執著於空，如果能夠於相遠離相執，於空遠離空執，這就是內外都不執迷。如果悟得這個法門，在一念之間豁然開朗，這就是開佛知見。

賞析與點評

佛教常用真、俗二諦來觀察世間萬有。從俗諦上講，緣起的有構成多姿多彩的現象世界萬物，相互依存而存在，人們常以「兩邊」或「二相」來認識事物；從真諦上講，空無自性則是萬法的本質，因它超越分別對立的兩邊，只能意會，不能言傳。《法華經》云：「諸佛世尊，唯以一大事因緣故出現於世。」（T9.7a21-22）這一大事因緣就是啟發人們了知：經文是悟道的工具，學道須從心入手，心中若能「於相離相，於空離空，即是內外不迷。若悟此法，一念心開，是為開佛知見」。

佛，猶覺也，分為四門：開覺知見，示覺知見，悟覺知見，入覺知見。若聞開示，便能悟入，即覺知見，本來真性而得出現。

汝慎勿錯解經意，「見他道開示悟入，自是佛之知見，我輩無分。」若作此解，乃是謗經毀佛也。彼既是佛，已具知見，何用更開？

譯文

「佛」的含義就是覺，分為四門：為眾生開啟覺的知見，為眾生指示覺的知見，令眾生體悟覺的知見，令眾生契入覺的知見。如果在聽聞開示時，就能契悟證入，這就是覺的知見，讓本來具有的真如佛性得以顯現。

你要慎重，千萬不要用眾生的知見解釋經義，「見經上說開、示、悟、入，就以為那自然是佛的知見，與我們這樣的凡人沒有關係。」如果作這樣的理解，那就是誹謗經典，詆譭佛祖。佛既然已經是佛了，已經具足佛的知覺正見，何必還要再去開佛知見呢？

賞析與點評

佛陀一生講經三百餘會，說法四十九年，為後人留下了博大精深的佛法。但是《金剛經》卻說，「若人言如來有所說法，即為謗佛。」這話看似矛盾，但卻是佛陀的肺腑之言，因為佛法的精髓——緣起性空，既不是佛陀的創造，也不是任何人的發明，而是客觀存在的規律。佛陀只是覺悟、揭示了這一規律，無論他成佛與否，緣起法依舊是宇宙人生的自然法則，無處不在。正如《雜阿含經》云：「緣起法者，非我所作，亦非餘人作，然彼如來出世及未出世，法界常住。彼如來自覺此法，成等正覺。」（T2.85b24-28）因此，六祖惠能才說，佛陀所開示的緣起性空之理並非佛陀的專利，也是我們大家的寶貴財富，可以通過覺悟而證得。

汝今當信佛知見者，只汝自心，更無別佛。蓋為一切眾生，自蔽光明，貪愛塵境，外緣內擾，甘受驅馳。便勞他世尊，從三昧起，種種苦口[1]，勸令寢息，莫向外求，與佛無二。故云：「開佛知見。」

吾亦勸一切人，於自心中，常開佛之知見。世人心邪，愚迷造罪，口善心惡，

貪嗔嫉妒，諂佞我慢[2]，侵人害物，自開眾生知見。若能正心，常生智慧，觀照自心，止惡行善，是自開佛之知見。

汝須念念開佛知見，勿開眾生知見。開佛知見，即是出世；開眾生知見，即是世間。汝若但勞勞執念，以為功課者，何異犛（ㄌㄧˊ）牛愛尾[3]？

注釋

1 種種苦口：根據不同的情況，利用不同的方法來教化。

2 我慢：視我「為一己之中心，由此所執之我」而形成驕慢心。

3 犛牛愛尾：出自《法華經．方便品》。人們不捨自己的慾望，正像犛牛愛自己的尾巴一樣。

譯文

你現在應當堅信：所謂佛的知見，就是你自己的心，心外再也沒有其他的佛了。因為一切眾生自己障蔽了光明的心性，貪欲愛憎塵世俗境，向外攀緣而內心生起妄想紛擾，甘心受塵勞的驅使而奔波，所以才要煩勞大覺佛陀，從禪定中出現於世，苦口婆心地宣說種種方便法門，勸導眾生止息貪愛等妄想執著，不要向心外去妄求，這樣就和諸佛沒有差別，所以說是開佛知見。我也常勸告世人，要在自己心中開啟佛的知見。而世間之人心地不正，易生邪念，愚昧迷惑，造種種罪，口說善言，心懷惡念，貪愛嗔恚，嫉賢妒能，諂媚佞言，自恃慢人，侵犯別人，損害他物，這就是自己開啟了眾生的知見。如果能端正心念，常常生起智慧，觀照自己的心，不造惡而行善，這就是自己開啟佛的知見了。你必須念念在開啟佛的知見上，千萬不要自己開啟眾生的知見！能開啟佛的知見，就是超凡出世；開啟眾生的知見，就是還在眾生世間。你如果只是辛辛苦苦地執著念誦《法華經》文，以為這就是功課，這和犛牛愛惜牠自己的尾巴又有什麼不同呢？

賞析與點評

據《大方廣佛華嚴經》記載，佛陀悟道後感歎說：「無一眾生，而不具有如來智慧，但以妄想顛倒執著而不證得。」（T10.272c4-6）人人本具如來智慧，就像天空的太陽。然而，我們在接觸身外之物時，產生貪嗔癡等貪愛塵境，猶如烏雲遮日，使人無法見到清淨的本性，起惑造業。「若能正心，常生智慧，觀照自心，止惡行善，是自開佛之知見。」

達曰：若然者，但得解義，不勞誦經耶？

師曰：經有何過，豈障汝念！只為迷悟在人，損益由己。口誦心行，即是轉經；口誦心不行，即是被經轉。聽吾偈曰：

心迷法華轉[1]，心悟轉法華；誦經久不明，與義作讎家。

無念念即正，有念念成邪；有無俱不計，長御白牛車[2]。

達聞偈，不覺悲泣，言下大悟，而告師曰：法達從昔已來，實未曾轉法華，乃被法華轉。

注釋

1 心迷法華轉：心中不明白經義，只是口中念誦《法華經》，這就等於被《法華經》「所轉」，沒有真正地契悟經文，所以沒有「轉經」。

2 白牛車：《法華經》以「白牛車」比喻一佛乘（佛教謂教導眾生成佛之法），獲得佛智慧。

譯文

法達聽後說：照這樣說，只要能理解經義就行了，這樣就可以不必誦經了麼？

心迷法華轉

六祖惠能說：佛經本身有什麼過失呢？難道障了你的誦念嗎？須知執迷和覺悟在於個人，受損或得益都由於自己。口誦經文而心能行其義，才能轉化經義為我所用；口誦經文而心不行其義，反而被經文左右。聽我說偈：

心若執迷被法華轉，心若領悟能轉法華；誦經雖久不明經義，與理相悖成為仇家。無所執念所念是正，有所執念所念成邪；不論有無都不執著，永遠駕御大白牛車。

法達聽了這首偈語，不禁感動涕泣，即時大悟，對六祖說：法達從過去以來，確實未曾轉《法華》，而是被《法華》所轉。

賞析與點評

法達誦念《法華經》三千多遍後，自認擁有無量功德，不肯五體投地拜見六祖惠能。六祖惠能隨口說道：「禮本折慢幢，頭奚不至地？有我罪即生，忘功福無比。」為了功德而誦經，誦經的遍數越多，功高我慢越大，反而成了精神提升的障礙。這就是「心迷法華轉」的含義。反之，誦經的目的是為了通達無常、無我之佛理，去除我慢，領悟佛陀空的智慧，看透放下的心態自然生起，對身外之物便不會過於執著，而是善加利用，於人於己皆有益。這就是「心悟轉法華」的含義。

再啟曰：經云：「諸大聲聞乃至菩薩，皆盡思共度量，不能測佛智。」今令凡夫但悟自心，便名佛之知見。自非上根，未免疑謗。又經說三車，羊鹿牛車與白牛之車，如何區別？願和尚再垂開示。

師曰：經意分明，汝自迷背。諸三乘人，不能測佛智者，患在度量也。饒伊盡思共推，轉加懸遠。佛本為凡夫說，不為佛說。此理若不肯信者，從他退席[1]。殊不知坐卻白牛車，更於門外覓三車。況經文明向汝道，唯一佛乘，無有餘乘若二若三。乃至無數方便，種種因緣、譬喻言詞，是法皆為一佛乘故。汝何不省！三車是假，為昔時故；一乘是實，為今時故。只教汝去假歸實，歸實之後，實亦無名。

注釋

1 從他退席：佛陀在法華會上說大乘經，有五千小根小智、滿足修小法的人不敢相信，當即退席。

譯文

法達又再啟問：經上說：「一切大聲聞乃至菩薩，即使竭盡思慮共同測度，也不能測知佛陀的智慧。」現在只令凡夫但能覺悟自己的心性，就說是佛的知見，如果不是上等根性的人，不免要生起疑惑誹謗。

又經中說三車，羊車、鹿車、牛車，與大白牛車，究竟要怎樣來區別呢？懇請和尚再次慈悲開示。

六祖惠能說：經意本來就說得很清楚，是你自己執迷而與之相違背罷了！那些聲聞乘、緣覺乘、菩薩乘三乘行人之所以不能測知佛的智慧，問題就出在他們要用思維去揣測度量，他們費盡心思一起推測，反而離佛的智慧越來越遠。佛法本來是為不覺的凡夫而說的，並不是為佛而說的，如果不肯相信這個道理，那就聽任他退席。只是他們竟然不知道自己原就坐在白牛車上，卻還要到門外另覓羊、鹿、牛三車。況且經文明明白白地向你說了，佛只講說了空有不二、明心見性的唯一佛乘，並沒有其他諸乘。如果有第二個、第三個，甚至無數個方便法門，以及種種因緣譬喻等言詞，則全部都是為了一佛乘說的。你怎麼不省悟！所謂羊、鹿、牛三車是佛所設的三乘方便法，是為當時眾生迷失實相而施設的權教；大白牛車是佛真實說的一乘實相法，是為現今眾生修持成熟而開顯的實教。這只不過是教你去除三乘方便的假名而歸入一乘實相的實教，一旦歸入實教之後，就沒有所謂的實教了。

賞析與點評

一群小孩在家中玩得很起勁，房子突然失火，父親呼喚孩子們趕快逃離失火的房子，可孩子們只顧戲耍，不知危險將至。父親急中生智，大聲說：「孩子們！快看，我給你們買了漂亮的羊車、鹿車、牛車，先到的人可挑選最漂亮的車子。」孩子們一聽，迫不及待地衝出火宅而得救。

這是《法華經・譬喻品》中著名的「火宅三車喻」故事，佛陀以此來說明眾生遭煩惱之火所逼迫而不知苦，於是以種種智慧、方便，說聲聞乘、緣覺乘、菩薩三乘，待眾生出離苦海後，再引導眾生以智慧觀照空、有不二的明心見性法——一佛乘。六祖惠能告誡大眾，佛陀因眾生根機不同，於一佛乘，方便說三，「唯一佛乘，無有餘乘若二若三。」

應知所有珍財，盡屬於汝，由汝受用。更不作父想[1]，亦不作子想[2]，亦無用想，是名持《法華經》。從劫至劫，手不釋卷，從晝至夜，無不念時也。

注釋

1 更不作父想：父指《法華經》中講的大寶長者，他曾把財物分給兒子們。這裏的意思是所有的財寶（佛性）都是自己本有的，不要認為是大富長者（即代表佛）的。

2 亦不作子想：子，指大富長者的兒子，這裏指眾生，即不要認為財富（佛性）是他人的。

譯文

要知道所有珍寶、財物，全部都是你所擁有的，任由你自己去受用，不要想這個財產是父親的，也不要想這個財產是兒子的，更沒有所謂的受用財寶想，這才叫作真正的在持誦《法華經》。能夠如此，就如同在前一劫到後一劫的漫長時間裏，在任何時間，都手不釋卷，從白天到黑夜，無時不在持誦《法華經》。

賞析與點評

據《法華經．信解品》記載，大富長者丟失了獨生子，多年尋找無果。多年後，大富長者認出淪落為乞丐的獨生子，想把他帶回家繼承家業。豈知兒子不認長者為其父，誤以為長者要抓他，於是拔腿就跑。長者只能先請獨生子到家中從傭人做起，然後循循誘導，去除獨生子的自卑心，讓他當大管家，最終父子相認。獨生子終於繼承了大富長者的萬貫家產。（T9.16b25-19a11）

大富長者就是佛陀的前生，萬貫家產，如同莊嚴富貴的大乘慧財，不僅僅是佛陀擁有，我們每一個本來都具有，只因迷失而不能覺知，如同離家出走的窮子，覺自己「缺衣少食」，生計艱難。佛陀以種種方便引導眾生向內心尋覓，明心見性。這是惠能主張自性自悟的一貫立場。

達蒙啟發，踴躍歡喜。以偈讚曰：

經誦三千部，曹溪一句亡。
未明出世旨，寧歇累生狂？
羊鹿牛權設，初中後善[1]揚。
誰知火宅內，元是法中王[2]。

師曰：汝今後方可名念經僧也。

達從此領玄旨，亦不輟誦經。

注釋

1 初中後善：初善、中善、後善。初善，指羊車，譬喻聲聞乘；中善，指鹿車，比喻緣覺乘；後善，即牛車，比喻為大乘者。

2 法中王：指經過長時間修梵行，證得無上菩提的修行者。

譯文

法達受六祖惠能啟迪，歡喜雀躍，於是用偈來讚歎說：

《妙法蓮華經》已念誦了三千遍，在曹溪六祖一句下全數消亡。

不明了諸佛出世的因緣宗旨，怎麼能息滅累劫以來的妄心？

羊鹿牛三車是權巧施設，初中後三善是依次發揚。

誰能知道火宅內的眾生，原來一悟之後是法中王。

六祖惠能說：你從今以後才可以被稱為念經僧人。

法達從此領受了《法華經》玄深的教旨，同時也沒有停止念誦佛經。

賞析與點評

「經誦三千部，曹溪一句亡。」這是法達稱讚惠能頓悟法門之奇妙功效。法達起初誦經時拘泥於法而被法所束縛，誦經越多，我慢心越重，怎能見道?!六祖惠能一句「心迷法華轉，心悟轉法華」，點醒夢中人，法達方知誦經是為了明理，若能就應捨筏登岸，得魚忘筌，得兔忘蹄，得意忘言，方能明心見性。《六祖壇經》這種超常的智慧，對中外文化、思想產生了深遠的影響。

僧智通，壽州安豐人，初看《楞伽經》約千餘遍，而不會三身四智。禮師求解其義，師曰：三身者，清淨法身，汝之性也；圓滿報身，汝之智也；千百億化身，汝之行也。若離本性，別說三身，即名有身無智[1]；若悟三身無有自性[2]，即明四智菩提。聽吾偈曰：

自性具三身，發明成四智；不離見聞緣，超然登佛地。

吾今為汝說，諦信永無迷；莫學馳求者，終日說菩提。

注釋

1 有身無智：禪宗認為離開了人的自我本性，一切都是虛幻不真實的。因為四智不離本性，若離本性而說三身，所談的就只能是不起智用的空洞名言概念，不是真正的三身。

2 三身無有自性：三身是從一個自我的本性而生的，並非說三身中各有一個自性。

譯文

僧人智通，壽州安豐人氏，最初閱讀《楞枷經》一千多遍，卻不能領會三身和四智的意思。於是前來參禮六祖惠能，懇求解說經中要義。

六祖惠能說：所謂三身，即清淨法身，是你的自心本性；圓滿報身，是你的般若智慧；千百億化身，是你的修行實踐。如果離開本性，另外說有三身，這就是有身而無智；如果悟三身本無自性，這就叫四智正覺。聽我說偈：

自性本來具有三身，由三身衍生成四智；不必摒絕見聞外緣，就能超然直登佛地。

我現在為你說的法，你要深信永無迷惑；莫學他人向外馳求，整天口中空說菩提。

賞析與點評

「清淨法身毗盧遮那佛，圓滿報身盧舍那佛，千百億化身釋迦牟尼佛。」這是人們通常所說的三身佛，看似獨立於我們的身體之外，看似高深莫測，常人無法看透，也是常理中的事，故智通有此一問。六祖惠能以自性來解釋三身：（1）我們的自性就是如來清淨法身佛，能生一切善法。（2）我們的自性所生之能照般若智慧，如一輪太陽高懸於萬里晴空之中，光芒萬丈，遍照十方，圓滿無缺。這就是我們的圓滿報身佛。（3）自性能生萬物。若起惡心，便變化出地獄；若起毒害之心，便變為龍蛇；若此心向善，便生智慧；若起慈悲之心便為菩薩。這就是我們的千百億化身佛。迷人心外求三身，越求越迷；悟者了知三身佛在自性中，一念悟，即三身具足。

通再啟曰：四智之義，可得聞乎？

師曰：既會三身，便明四智，何更問耶？若離三身，別談四智，此名有智無身。

即此有智，還成無智。復說偈曰：

大圓鏡智[1]性清淨，平等性智[2]心無病，

妙觀察智[3]見非功，成所作智[4]同圓鏡。

五八六七果因轉，但用名言無實性[5]，

若於轉處不留情，繁興永處那伽定[6]。

通頓悟性智，遂呈偈曰：

三身元我體，四智本心明；

身智融無礙，應物任隨形。

起修皆妄動，守住匪真精；

妙旨因師曉，終亡染污名。

注釋

1 大圓境智：指可如實映現一切法的佛智。此種佛智清淨圓明，洞徹內外，如大圓鏡，可映現萬物。

2 平等性智：指體悟自、他平等的佛智。此智能了知一切事相及自他皆平等，生起大慈悲心。

3 妙觀察智：巧妙觀察諸法而自在說法的佛智。

4 成所作智：如來成就其本願力所應作事。

5 實性：真如的異名。

6 繁興永處那伽定：那伽，意譯為龍。像龍定止於深淵那樣，於行住坐臥，言默動靜，無不在定慧中。

譯文

智通又再啟請說：能否請大師為我講說四智的意義？

六祖說：既然能領會自性三身的意義，自然也就能明白四智的意義，為什麼還要問這個問題呢？如果離開了自性三身，而另外去談說四智，這就叫有智無身。即使有智，也等於無智。六祖又再說偈：

大圓鏡智是本性清淨體；平等性智的心體無所滯；

妙觀察智不假功成，不涉計度，不起分別，成所作智如同大圓鏡。

雖然五八兩識果上轉，六七兩識因中轉，但只轉其名而非轉其實性體。

如果在悟道轉識時，不留餘情，儘管外緣繁雜多起，而心卻處於定中。

智通聞偈後立即認識、理解了關於從自性上談三身和四智的理論，於是呈偈說道：

三身原來是我的體性，四智原本是明徹的心。
三身四智圓融而無障，應物隨緣任意而現形。
起心修持都是妄念動，守住也不是最好辦法。
身智妙旨因師得曉悟，從此盡無染污諸假名。

賞析與點評

在認識事物的過程中，八識的功能各有不同中，可分為四組：（1）第八阿賴耶識如同倉庫，儲存各種善、惡種子，能生起相應的善、惡行為。通過禪修，一旦將惡種子轉成善種子，第八識隨之而轉變為「性清淨」，產生可如實映現一切法的佛智，清淨圓明，洞徹內外，如大圓鏡，可映現萬物。這就是「大圓鏡智」。（2）第七識如同以自我為中心的司令部，產生人、我分別，成為一切煩惱的根源。通過禪修，去除人、我分別之心病，便能體悟自、他平等的佛智，了知一切事相及自他皆平等，生起大慈悲心。這就是平等性智。（3）第六識產生是非、人我顛倒之分別見，處處執著。通過禪修，善巧觀察諸法，明辨邪正，隨緣為大眾演說妙法無礙。這就是妙觀察智。（4）前五識（眼識、耳識、鼻識、舌識、身識）誤以為虛幻不實的世間萬事萬物為實有，因而產生貪嗔癡三毒。通過修習禪定，前五識能分別、沒有執著地如實反映所接觸的身外之事，得成所作智，成就自利利他妙業之智。將凡夫有漏的第八識、第七識、第六識及前五識轉變為大圓鏡智、平等性智、妙觀察智、成所作智四種無漏智，是修學佛法的最終目標。

僧智常，信州貴溪人，髫年出家，志求見性。一日參禮，師問曰：汝從何來，欲求何事？

曰：學人近往洪州白峰山禮大通和尚，蒙示見性成佛之義，未決狐疑。遠來投禮，伏望和尚慈悲指示。

師曰：彼有何言句？汝試舉看。

曰：智常到彼，凡經三月，未蒙示誨。為法切故，一夕獨入丈室，請問：如何是某甲本心本性？

大通乃曰：汝見虛空否？

對曰：見！

彼曰：汝見虛空有相貌否？

對曰：虛空無形，有何相貌？

彼曰：汝之本性，猶如虛空，了無一物可見，是名正見；無一物可知，是名真知。無有青黃長短，但見本源清淨，覺體圓明，即名見性成佛，亦名如來知見。學人雖聞此說，猶未決了，乞和尚開示。

師曰：彼師所說，猶存見知，故令汝未了。吾今示汝一偈：

不見一法存無見[1]，大似浮雲遮日面，

不知一法守空知[2]，還如太虛生閃電。

此之知見瞥然興，錯認何曾解方便[3]，

汝當一念自知非，自己靈光[4]常顯現。

注釋

1 不見一法存無見：不見一法，指上文大通和尚講的「了無一物可見」。這裏指連「無見」都不應該存在心中，這樣將有礙於明心見性。

2 不知一法守空知：不知一法，指上文大通和尚講的「了無一物可知」，「守空知」就是一種執著，認為真有「無一物可知」。

3 錯認何曾解方便：錯以無知無見為真實。追求「無見」、「空知」也是一種對外在現象的執著。

4 靈光：眾生本具的佛性，清淨無染，靈靈昭昭，常放光明。

譯文

僧人智常，信州貴溪（今江西貴溪市）人。童年時出家，志在求得明心見性。有一天，來參禮六祖，六祖問他：你從哪裏來？想要求得什麼嗎？

智常答說：學僧最近到洪州白峰山參禮大通和尚，承蒙他開示見性成佛的奧義，只是心中還有一些疑惑不能解決，因此從遙遠的地方前來參禮，祈求和尚慈悲為我開示。

六祖惠能說：你在大通和尚那裏參禮，他都說了些什麼？你試著舉出一些例子說說看。

智常說：我到大通和尚那裏，大約住了三個月，仍沒有受到他的開示、教誨。因為求法心切的緣故，有一天晚上，我單獨進入方丈室，請他開示：什麼是我的本來心性呢？

大通和尚說：你看到虛空嗎？

智常說：看到了。

大通和尚問：你所見的虛空有相貌嗎？

智常說：虛空沒有相體，怎麼會有形狀相貌呢？

大通和尚說：你的本性就如同虛空，了無一物可見，這就叫作正見；沒有一個事物可以被認知，這叫作真知，沒有青黃長短等色法的區別，但見得本源清淨無染，覺體圓融澄明，這就叫作見性成佛，也叫作如來知見。智常雖然聽到這種說法，還是不能解決內心的狐疑，所以懇求和尚開示。

六祖惠能說：那位大師所說的，仍然存在著知見，所以不能使你全然明白。我現在給你一首偈語：

不見一法猶心存無見，就好像浮雲遮蔽日光。

不知一法猶執守空知，依然像太虛中生閃電。

這個知見是瞬起暫現，然而卻如此錯認知見，哪裏曾了解隨緣方便？

你應當要能一念知非，好讓自性靈光經常顯現。

賞析與點評

據《景德傳燈錄》記載，達摩祖師為了傳法而考驗弟子跟隨自己學法的心得。門人道副說：「如我所見，不執文字，不離文字，而為道用。」很顯然，道副已悟到語言文字的局限性，用而不執。然而，達摩還是評論說：「你僅僅悟得我教法的皮毛。」然後是尼總持說：「我今所解，如慶喜見阿閦佛國，一見更不再見。」尼總持已悟得念念不住之法，而達摩僅認為她只悟得自己心法的「肉」。道育說：「四大本空，五陰非有，而我見處，無一法可得。」道育已悟得法空，達摩仍然認為他僅悟得自己心法的「骨」。最後是慧可站起來禮拜達摩後，默然不語，達摩卻認為他才真正悟得自己心法的「精髓」，慧可因而成為他的衣鉢繼承人。

在以上公案中，前三位學人已遠離我、我所、有無等一切戲論妄執，而慧可在此基礎之上進一步空去能證的智慧與所證的清淨佛果，一法不執，悟入畢竟空理，方能於般若無相生一念清淨心，見到自己的本性。

常聞偈已，心意豁然，乃述偈曰：

無端起知見，著相[1]求菩提，
情存一念悟[2]，寧越昔時迷？
自性覺源體，隨照枉遷流，
不入祖師室，茫然趣兩頭。

注釋

1 著相：執著於相狀。這裏指對「存無見」和「守空知」的執著。

2 情存一念悟，寧越昔時迷：「悟」本是修行所追求的境界，但如果內心存在一個「無」的念頭，或自以為悟了，正好說明沒有覺悟，反而是處在「迷」的情況。

譯文

智常聽了偈後，心裏豁然開朗。於是也說了一偈：

無緣由的生起知見，執著外相覓求正覺，
只要存有悟的念頭，哪能出離昔時迷惑？
自性中覺悟的源體，仍隨知見徒然遷流，

若非進入祖師丈室，依舊茫然執著兩端。

賞析與點評

有人向唐朗州德山宣鑒禪師求佛，他當眾宣佈，「我這裏，佛也無，法也無，達摩是個老臊胡，十地菩薩是擔糞漢，等妙二覺是破戒凡夫，菩提涅槃是繫驢橛，十二分教是點鬼簿、拭瘡紙，佛是老胡屎橛。」這類呵佛罵祖的言論常在禪門文獻中見到，其用意並非漫罵佛祖，而是提醒世人：悟得性空之理，明心見性是修行所追求的境界，但如果內心存在一個「空」念、「佛」想，這是另一種形式的執著，仍未了道，應空去一切名言差別相，達到《心經》中所說的「無智亦無得」的境界，才是真正的悟道。這正是智常所領悟的「道」。

智常一日問師曰：佛說三乘法，又言最上乘，弟子未解，願為教授。

師曰：汝觀自本心，莫著外法相。法無四乘[1]，人心自有等差。見聞轉誦是小乘，

悟法解義是中乘，依法修行是大乘。萬法盡通，萬法具備，一切不染，離諸法相，一無所得，名最上乘。乘是行義，不在口爭，汝須自修，莫問吾也。一切時中，自性自如。

常禮謝執侍，終師之世。

注釋

1 四乘：三乘加上一乘（佛乘）就是四乘。

譯文

有一天，智常問六祖惠能：佛說有聲聞、緣覺和菩薩三乘教法，卻又說了最上乘的成佛方法，對於這一點弟子還沒有開解，希望您為我指授教化。

六祖惠能說：你應觀照自己的本心，不要執著心性外的法相。佛法並沒有四乘之分，而是人心各有不同。能夠聽講佛經並轉而念誦的人是小乘行者，悟解佛法義理的人是中乘行者，依法修行的人是大乘行者，一切教法都能通達，萬法具足完備，一切不染不著，超離一切法相，無一法可得，這就叫作最上乘的行者。乘是行的意思，不是在口頭上爭論就能得到。你應該自己依法修行，不必問我。

時時刻刻，自我本性如如不動。

智常禮謝六祖的開示，從此侍奉六祖，一直到六祖示寂。

賞析與點評

依據傳統佛教的説法，如同學生求學一樣，先讀小學，然後初中、高中、大學。同理，學習佛法可分為三個級別，稱之為三乘。（1）聲聞乘：悟四諦之理，斷見思惑，證阿羅漢果；（2）緣覺乘：悟十二因緣之理，破無明，證辟支佛果；（3）菩薩乘：修四攝六度等菩薩行，利益眾生，證無上佛果。要明白三乘的內涵本已很複雜，現在又加上「最上乘」，而成四乘，到底應先從哪一乘入手修行呢？初學者無所適從，智常故有此一問。

惠能單刀直入，以「諸法平等，無有高下」之思維説明，法無四乘，只因人修道有淺有深，可分為四個階段：（1）勤誦佛經，但不明義理，可視為小乘修道人；（2）見聞覺知，悟法解義，可視為中乘修道人；（3）依法修行，求得體證，可視為大乘修道人；（4）直指人心，見性成佛，可視為最上乘修道人。六祖惠能從人對佛法的信、解、行、證四方面闡釋四乘，通俗易懂，切實可行，令人信服。

僧志道，廣州南海人也，請益曰：學人自出家，覽《涅槃經》十載有餘，未明大意，願和尚垂誨。

師曰：汝何處未明？

曰：諸行無常，是生滅法；生滅滅已，寂滅為樂[1]。於此疑惑。

師曰：汝作麼生疑？

曰：一切眾生皆有二身，謂色身、法身也。色身無常，有生有滅；法身有常，無知無覺。經云「生滅滅已，寂滅為樂」者，不審何身寂滅？何身受樂？若色身者，色身滅時，四大分散，全然是苦，苦不可言樂。若法身寂滅，即同草木瓦石，誰當受樂？又法性是生滅之體，五蘊是生滅之用；一體五用，生滅是常。生則從體起用，滅則攝用歸體。若聽更生，即有情之類，不斷不滅；若不聽更生，則永歸寂滅，同於無情之物。如是，則一切諸法被涅槃[2]之所禁伏，尚不得生，何樂之有？

注釋

1 寂滅為樂：貪嗔痴等妄念一旦息滅，生死流轉便終止，當下就是快樂自在。

2 涅槃：貪嗔癡等煩惱的終結，而不是生命的終結。

譯文

僧人志道，廣州南海人（今廣東佛山），向六祖惠能請教：弟子自從出家以來，誦讀《涅槃經》已經有十多年了，都沒有明白經文大意，希望大師給予教誨。

六祖惠能問：你是哪裏不明白？

志道說：經中有一句「諸行無常，是生滅法；生滅滅已，寂滅為樂」，我對這一句疑惑不解。

六祖惠能說：你有什麼疑惑？

志道說：一切眾生都有色身、法身這二身。色身是無常的，有生有滅；法身是恆常的，沒有知覺。經中說「生滅滅已，寂滅為樂」，不知道是哪個身入於寂滅、哪一個身受樂？如果是色身，那麼色身壞滅的時候，由地、水、火、風四大和合組成的色身分離，這是苦，既然是苦，就不可以說是樂。如果法身寂滅，就如同草木瓦石一樣，由什麼來享受真樂呢？另外，法性是生滅的本體，五蘊是生滅的功用；一體有五用，生滅應該是永恆不變的。生就是從本體中生起作用，滅就是攝相用而還歸於性體。如果聽任其再生，那麼有情含識的眾生就不斷絕也不滅亡；如果不聽任其再生，就將永遠歸於寂靜，而與草木瓦石等無情之物沒有什麼不同了。這樣，一切萬法就被涅槃所限制，生命尚不可得，還有什麼快樂可言呢？

賞析與點評

志道認為，「色身」之外另有一個「法身」，「一切眾生都有色身、法身這二身。色身是無常的，有生有滅；法身是恆常的，沒有知覺。」修道的方法便成了盡力滅除「色身」中的貪嗔癡，以便獲得「法身」的常樂我淨的快樂。這種認知使志道在不知不覺中墮入斷、常二見，在理解以上偈頌時才陷入困境，也是情理中的事。

師曰：汝是釋子，何習外道[1]斷常邪見，而議最上乘法？據汝所說，即色身外別有法身，離生滅求於寂滅。又推涅槃常樂，言有身受用。斯乃執吝生死，耽著世樂。汝今當知佛為一切迷人，認五蘊和合為自體相，分別一切法為外塵相，好生惡死，念念遷流，不知夢幻虛假，枉受輪迴，以常樂涅槃，翻為苦相，終日馳求。佛愍此故，乃示涅槃真樂，剎那無有生相，剎那無有滅相，更無生滅可滅，是則寂滅現前。當現前時，亦無現前之量，乃謂常樂。此樂無有受者，亦無不受者，豈有一體五用之名？何況更言涅槃禁伏諸法，令永不生，斯乃謗佛毀法。

注釋

1 外道：心外求解脱之道。

譯文

六祖惠能説：你是佛門弟子，怎麼學習外道的斷見與常見來議論最上乘佛法？根據你所説的，就是説色身之外另有一個法身，超離色身的生滅可以另外求得法身的寂滅。又推論説涅槃常樂，要有某個身來享用。這是在執著生死，沉迷於世間的快樂。你應當知道，佛陀就因為一切迷執的眾生妄認五蘊假合的色身為自我，妄計分別一切法為外塵，貪生厭死，妄念遷流，不知人生如夢似幻，虛假不實，枉受生死輪迴，反而將常樂的涅槃看成是苦，整天忙碌奔走，營求俗務。佛陀憐憫這些愚迷眾生，於是開示涅槃真樂的境界。是沒有剎那生起的相可見，也沒有剎那壞滅的相可尋，更沒有生滅可滅，才是涅槃寂滅分明現前的境界。正當寂滅現前的時候，也沒有什麼東西可以讓你感受到這是寂滅，這就是常樂。這種常樂本來沒有什麼承受的人，也沒有什麼不承受的人。哪裏會有一體五用的名稱呢？更何況涅槃禁伏住了一切萬法，讓它們永遠不得再生的説法呢？這實在是誹謗佛，譭謗佛法。

賞析與點評

諸行無常，是生滅法，
生滅滅已，寂滅為樂。
——《大般涅槃經》（T12.450a-451a）

據《大般涅槃經》記載，一日，一位苦行仙人在深山中苦修，忽然聽到遠方傳來偈語：「諸行無常，是生滅法。」便隨偈而反思：現象世界的萬物，如水中月、鏡中花，剎那間生滅，無常變化，沒有固定不變的自性。

苦行仙人覺得奇妙無比，向羅剎請教下半句偈。可羅剎故弄玄虛地說：「我飢渴難耐，非新鮮人肉不食。吃飽後，我才有精力說出下半偈。」

苦行仙人承諾聽完下半句偈後，便捨身解決羅剎的飢餓問題。於是，羅剎說出下半句偈：「生滅滅已，寂滅為樂。」如果將「生滅滅已，寂滅為樂」理解為滅除色身之苦而獲得「法身」之樂，離生滅求於寂滅，是有「滅」有「斷」，墮入斷、常二見；而正確的理解是了知萬法「不生不滅」之性空本性而無所執著，息滅貪嗔癡，當下就能見到清淨法身，感受常樂我淨的快樂。

聽吾偈曰：

無上大涅槃，圓明常寂照。凡愚謂之死，外道執為斷。
諸求二乘人，目以為無作。盡屬情所計，六十二見本。
妄立虛假名，何為真實義？惟有過量人，通達無取捨。
以知五蘊法，及以蘊中我。外現眾色象，一一音聲相。
平等如夢幻，不起凡聖見。不作涅槃解，二邊三際[1]斷。
常應諸根用，而不起用想。分別一切法，不起分別想。
劫火燒海底，風鼓山相擊。真常寂滅樂，涅槃相如是。
吾今強言說，令汝捨邪見。汝勿隨言解，許汝知少分。

志道聞偈大悟，踴躍作禮而退。

注釋

1 三際：即前際、中際、後際，指過去、現在、未來。

譯文

聽我的偈吧：

無上大涅槃境界，圓滿光明常寂照。凡夫愚人稱為死，外道妄執為斷滅。
追求二乘之學人，視為無作之境界。都屬情執與計度，六十二種邊見根。
妄立虛假之名相，哪解涅槃真實義？只有超格過量人，明悟通達不取捨。
故知五蘊所成法，以及執蘊之幻我。外顯種種之色相，一切語言音聲相。
所有都如夢與幻，凡情聖解了不生。實證涅槃離假名，邊見三際盡斷除。
常隨諸根起照用，心識不生照用想。了別一切之法相，卻無絲毫分別念。
劫火洞燒海底枯，罡風鼓動山擊撞。常享真常寂滅樂，現證涅槃無改易。
我今勉強為你說，只為令你捨邪見。你莫隨言作淺解，許你知曉其少分。
志道聽了偈後大徹大悟，歡喜雀躍，行禮退下了。

賞析與點評

據《五燈會元》記載，德山禪師多年研究《金剛經》，寫成《金剛經青龍疏抄》，頗為自豪。得知南方「頓悟成佛」之説盛行，不以為然。他於是肩挑《金剛經青龍疏抄》，一路南下，志在破斥「頓悟成佛」這一「邪説」。途中經一點心小店，德山欲買點心充飢。賣點心的婆婆卻故意問：「聽説你研究《金剛經》頗有心得，你若能解答我心中的疑問，我便免費供養你點心。」

「請說來聽聽！」德山信心十足地答應。「《金剛經》說，『過去心不可得，現在心不可得，未來心不可得。』請問大德要吃點心，點的是哪個心？」德山愕然不知所對，方知道南方惠能大師的頓悟之說，在老婆婆這裏就有了印證。

所謂的眾生，是由五種物質（色）和精神元素（受、想、行、識）組成，隨因緣變化而變化，生命就在這變化中如同川流不息的河水，不斷地流淌。過去一念已過去，非真；未來一念尚未到來，非實；當下一念不可留，「二邊三際斷，常應諸根用，而不起用想；分別一切法，不起分別想。」這才是我們的本來面目，也是自在涅槃的彼岸。

行思禪師，生吉州安城劉氏，聞曹溪法席盛化，徑來參禮。

遂問曰：當何所務，即不落階級？

師曰：汝曾作什麼來？

曰：聖諦亦不為。

師曰：落何階級？

曰：聖諦尚不為，何階級之有？

師深器之，令思首眾。一日，師謂曰：汝當分化一方，無令斷絕。

思既得法，遂回吉州青原山，弘法紹化，謚弘濟禪師。

譯文

行思禪師，生於吉州安城劉氏家中，聽說曹溪六祖惠能法席隆盛，化導無數，就直接來參拜六祖惠能。

行思禪師問：應當怎麼做，才不會落入有次第的漸修？

六祖惠能說：你曾經做什麼了？

行思禪師說：我連深妙無上的真理（聖諦）也不修。

六祖惠能說：那落到哪個次第了？

行思禪師說：連聖諦都不修，哪還會有什麼次第存在？

六祖惠能十分器重他，讓他做了首座。一天，六祖惠能說：你應當單獨教化一方，不要讓正法斷絕。

行思領受了教法，就回到吉州青原山，弘傳佛法，廣為教化。圓寂後得謚號為弘濟禪師。

賞析與點評

行思禪師與懷讓禪師是六祖惠能的兩大得意弟子。一天，有人問行思禪師：「什麼是佛法大意？」行思禪師回答：「盧陵的米是什麼價錢？」其意為，如同以公平秤買米一樣，佛法是平等的，沒有高低之分，只有覺悟程度之不同罷了。行思禪師對佛法的看法，深得六祖惠能的讚許。

懷讓禪師，金州杜氏子也。初謁嵩山安國師，安發之曹溪參叩。讓至禮拜。

師曰：甚處來？

曰：嵩山。

師曰：什麼物，恁麼來？

曰：說似一物即不中。

師曰：還可修證否？

曰：修證即不無，污染即不得。

師曰：只此不污染，諸佛之所護念。汝既如是，吾亦如是。西天般若多羅讖：

「汝足下出一馬駒，踏殺天下人。」應在汝心，不須速說！

讓豁然契會，遂執侍左右一十五載，日臻玄奧。後往南嶽，大闡禪宗。（勅謚大慧禪師）

譯文

懷讓禪師，金州杜氏的兒子。最初到嵩山參謁慧安國師，慧安國師遣他到曹溪參學。懷讓禪師來到曹溪山並禮拜六祖惠能。

六祖惠能說：你從哪裏來？

懷讓禪師說：我從嵩山慧安老師處來。

六祖惠能說：是什麼東西，恁麼來的？

懷讓禪師說：說似一物即不中。

六祖惠能說：還可以修證嗎？

懷讓禪師說：修證不是沒有，污染則不可得。

六祖惠能說：就這個不污染，是所有佛所共同護念的。你既是這樣，我也是這樣。西天二十八祖中之第二十七祖般若多羅禪師曾經預言：「在你的門下將要出現一匹小馬駒，他的智慧可以征服天下人。」這個預言，你要默記在心，不要太早說出來！

懷讓當下豁然契悟，於是就在六祖惠能身邊侍奉十五年，越來越體證、通達頓教玄妙深奧的意旨。後來前往南嶽衡山，闡禪宗頓教法門。（圓寂後得皇家諡號為大慧禪師）

賞析與點評

「甚處來？」六祖惠能一語雙關，既是問懷讓的行蹤，同時又考察懷讓對佛法的理解，「諸佛本原，從何而來？」懷讓對諸佛本原的看法是，「說似一物即不中」，即諸佛本原超越時空，超越邏輯，言語道斷，只能由直覺觀照萬物空無自性而來，十分微妙，無法用任何比喻來形容、描述。

永嘉玄覺禪師，溫州戴氏子。少習經論，精天台止觀法門。因看《維摩經》，

發明心地。偶師弟子玄策相訪，與其劇談，出言暗合諸祖。

策云：仁者得法師誰？

曰：我聽方等經論，各有師承。後於《維摩經》，悟佛心宗，未有證明者。

策云：威音王已前即得，威音王已後，無師自悟，盡是天然外道。

曰：願仁者為我證據。

策云：我言輕，曹溪有六祖大師，四方雲集，並是受法者。若去，則與偕行。

譯文

永嘉玄覺禪師，溫州戴氏的兒子，小時候學習經論，精通天台宗的止觀教義。因為看了《維摩經》，認識了自心本性。六祖的弟子玄策禪師偶然來訪，和他暢談佛理，玄覺所說都能契合諸祖的意旨。

玄策問他：你師從何人而得法？

玄覺說：我聽大乘方等經論，每部都各有師承，後來從《維摩經》中悟得直傳佛以心印心的宗旨，只是還沒有得到人印證我的見解。

玄策說：在威音王佛以前佛法尚未產生的時代，無師自通是可以的。但在威音王佛出世後有佛法住世的時代，覺悟者都需要得到印可。否則，即便你所悟為正法，也會被視為外道，難以取信於人。

永嘉玄覺說：希望你能為我印證。

玄策說：我人微言輕，不足以為你印證。曹溪山有六祖惠能，四面八方的人都雲集在他那裏，而且都是領受正法的人。你如果想去，我就和你同行。

賞析與點評

威音王是過去莊嚴劫最初的佛名，象徵極遙遠的時間，在此之前屬於沒有佛法的歲月。當時也有修道人觀落花流水而悟出緣生緣滅的無常之理，證得僻支佛果，成為無師自通的聖者。而在有佛法的時代，依法修行，自認為已悟入諸法性空的第一諦，仍存有證、有悟之想念，並未達到於相離相之境界，是心外求道，與外道無別。所以在有佛法的時代，開悟的人一定要得到大善知識的印證，才能避免未證言證的魔道。

這就是為什麼六祖惠能聞《金剛經》已開悟，「米已熟矣，猶欠篩在」，只等五祖弘忍印證，心心相印而繼承祖位。

覺遂同策來參。繞師三匝，振錫而立。

師曰：夫沙門者，具三千威儀，八萬細行。大德自何方而來，生大我慢？

覺曰：生死事大，無常迅速。

師曰：何不體取無生[1]，了無速乎？

曰：體即無生，了本無速。

師曰：如是，如是！

玄覺方具威儀禮拜，須臾告辭。

注釋

1 無生：諸法實相無生無滅。

譯文

永嘉玄覺便隨同玄策來參禮六祖惠能。玄覺繞著惠能走了三圈，舉起錫杖一振，而後站立不動。

六祖惠能說：出家人應該具有三千威儀、八萬細行等種種戒律儀軌。大德你是從哪裏來，為何如此傲慢無禮？

玄覺說：生死問題是人生的大事，因為生命無常，來去迅速，我哪裏有時間跟你磕頭、行禮？

六祖惠能說：你為什麼不去體會無生之果，去明了無速之道呢？

玄覺說：當體就是無生，了達本體實義後，則無遲速可言。

惠能說：就是這樣！就是這樣！

玄覺這才整肅儀容向六祖惠能禮敬參拜，一會兒便向大師告辭欲走。

賞析與點評

永嘉依照玄策的指點，來找六祖惠能印證自己所悟。永嘉見到惠能，因未施禮而遭到責備，永嘉解釋說：「生死事大，無常迅速，那有閒暇做那些不能了生脫死的規矩！」六祖聽後進一步考問：「佛門規矩固然是表相，你以『無生』說『生死』，又何嘗不是在執相呢？為什麼不直接悟無生（不生不滅的實相）來了生死？」永嘉也不甘示弱：「清淨的本體，本來無生，你要我以無生取無生，那不是頭上安頭嗎？」至此，六祖在無生法上認可了永嘉的見地。這真實地再現了禪門以心印心的經過，對後世影響極大。

師曰：返太速乎？

曰：本自非動，豈有速耶？

師曰：誰知非動？

曰：仁者自生分別。

師曰：汝甚得無生之意。

曰：無生豈有意耶？

師曰：無意誰當分別？

曰：分別亦非意。

師曰：善哉！少留一宿。

時謂一宿覺。後著《證道歌》，盛行於世。（謚曰無相大師，時稱為真覺焉。）

譯文

六祖惠能說：何必這麼快就要走呢？

玄覺說：本來就沒有動與不動，哪裏有快和不快可言？

六祖惠能說：什麼人知道本來不動？

玄覺說：這是您自心生起了分別。

六祖惠能說：你已經深悟無生的意義了。
玄覺說：無生哪裏還有什麼意義在呢？
六祖惠能說：如果沒有意義，誰來分別呢？
玄覺說：分別本身也沒有什麼意義。
六祖惠能說：很好！請小住一晚吧。
當時稱之為「一宿覺」。後來永嘉玄覺作了《證道歌》，盛行於世間。（圓寂後得謚號為無相大師，當時也稱為真覺禪師。）

賞析與點評

永嘉禪師出場之前，與六祖惠能辯論的求道人，無不被六祖惠能三言兩語所折服，直到永嘉禪師出場，與六祖惠能論道棋逢敵手，雙方寸步不讓，十分激烈，使得整個講法、求法情節發展到最高潮，因此，《六祖壇經》也具有很高的文學價值。

禪者智隍，初參五祖，自謂已得正受。庵居長坐，積二十年。師弟子玄策，遊方至河朔，聞隍之名，造庵問云：汝在此作什麼？

隍曰：入定。

策云：汝云入定，為有心入耶？無心入耶？若無心入者，一切無情草木瓦石，應合得定；若有心入者，一切有情含識之流，亦應得定。

隍曰：我正入定時，不見有「有無」之心。

策云：不見有「有無」之心，即是常定，何有出入？若有出入，即非大定[1]！

注釋

1 大定：為佛的三德（大定、大智、大悲）之一，佛心澄明寂靜叫作大定。

譯文

智隍禪師，最初參拜五祖弘忍，自稱禪定已經修到無念無想而納法於心的境界。智隍在庵室裏長期打坐，累計二十年了。六祖惠能的弟子玄策遊學到河北一帶，聽說了智隍的名聲，便造訪智隍的庵室，問：你現在每天做什麼呢？

智隍回答說：我正在打坐、入定。

玄策問：你所說的入定，是有心呢，還是無心？如果說是無心入，一切沒有情識的草木瓦石，應該算是得定了；如果說是有心入，一切有情含識的眾生也都應該得定了。

智隍說：我在入定的時候，並不見有「有心、無心」。

玄策說：既然是不見有「有無」之心，那麼就是常定了。既然是常定，那還有什麼出定、入定之分呢？如果有出、有入，那就不是大定了！

賞析與點評

智隍參禪二十年，仍不知如何用心入定。六祖惠能的弟子玄策禪師點化他說，若有心入定，動物等有情識的生靈皆會入定；若無心入定，一切無情草木瓦石也會入定；若不見「有無」之心入定，便是「常定」，出定、入定從何談起？智隍無言以對，引發了他參訪六祖惠能的佳話。

隍無對。良久，問曰：師嗣誰耶？

策云：我師曹溪六祖。

隍云：六祖以何為禪定？

策云：我師所說，妙湛圓寂，體用如如。五陰本空，六塵非有。不出不入，不定不亂。禪性無住，離住禪寂。禪性無生，離生禪想。心如虛空，亦無虛空之量。

隍聞是說，徑來謁師。

師問云：仁者何來？

隍具述前緣。

師云：誠如所言。汝但心如虛空，不著空見，應用無礙，動靜無心，凡聖情忘，能所[1]俱泯，性相如如[2]，無不定時也。

隍於是大悟，二十年所得心，都無影響。其夜河北士庶，聞空中有聲云：「隍禪師今日得道！」隍後禮辭，復歸河北，開化四眾。

注釋

1 能所：能識萬物之心為「能」（主體），被認知的萬物為「所」（客體）。能、所一體。

2 性相如如：不變而絕對的真實本體或事物的自體稱為性；變化的現象和相狀稱為

相。即體性與相狀平等不二，如如不動。

譯文

智隍無言以對。過了很久，問玄策：你是師承哪一位祖師的法門呢？

玄策說：我的師父是曹溪山六祖惠能。

智隍問：六祖惠能以什麼為禪定呢？

玄策說：我師父所說的禪定，法身圓融玄妙湛然常寂，諸法之體性與作用一如，五蘊和合，其性本空，六塵也不是真實存在。心本不出不入，不定不亂。禪性本無所住，遠離住於禪的寂靜。禪性本無生滅，遠離生起禪定的念頭。心如同虛空一樣，也不存在對虛空的度量。

智隍禪師聽了這一番道理，直接來拜謁六祖惠能。

六祖惠能問：你從哪裏來？

智隍把遇到玄策的因緣講述了一遍。

六祖惠能說：的確如玄策所說，只要你的心如虛空，不執著空見，應用自在無礙，或動或靜都不分別思量；忘卻凡聖的差別，泯滅能、所的對待；如此性相一如，自然無時不在定中。

智隍言下大悟，二十年來有所得心，剎那間完全無聲無影。那天夜裏，河北的官吏、百姓都聽到空中有聲音說：「智隍禪師今天得道了！」後來智隍禮謝辭別六祖，又回到了河北，開示教化四眾弟子（比丘、比丘尼、優婆塞、優婆夷）。

賞析與點評

智隍因心中對於禪定是有是無、是動是靜不太明了。六祖惠能開導他說，修禪時，心如虛空，卻不可有「空」的想念；心動、心靜並不重要，重要的是不起分別心，放下知見與執著，「能所雙亡」，心無掛礙，入定、出定都在禪定中。

一僧問師云：黃梅意旨，什麼人得？

師云：會佛法人得。

僧云：和尚還得否？
師云：我不會佛法。

譯文

有一個僧人問六祖惠能：黃梅五祖弘忍大師的衣缽、心法（黃梅意旨），到底是什麼人得到了？

六祖惠能說：領會佛法的人得到了。

僧人問：大師可曾得到？

六祖惠能說：我不會佛法。

賞析與點評

「我不會佛法」，這句話不是六祖惠能的反語，也不是自謙的話，而是點出弟子不能從老師那裏獲得明心見性的心法，因為「凡是有法相，皆是虛妄」，「本來無一物」，從何而得？然而，「明心見性」這等大事雖然求不得，但可通過領悟諸法空相而得。正如《心經》云：「無智亦無得」。因此，六祖惠能一句「我不會佛法」，點出禪宗強調自證自悟的主張。

師一日欲濯所授之衣，而無美泉。因至寺後五里許，見山林鬱茂，瑞氣盤旋，師振錫卓地，泉應手而出，積以為池，乃膝跪浣衣石上。忽有一僧來禮拜，云：方辯是西蜀人，昨於南天竺國，見達摩大師，囑方辯速往唐土，「吾傳大迦葉正法眼藏及僧伽梨，見傳六代於韶州曹溪，汝去瞻禮。」方辯遠來，願見我師傳來衣鉢。

師乃出示。次問：上人攻何事業？

曰：善塑。

師正色曰：汝試塑看。

辯罔措。過數日，塑就真相，可高七寸，曲盡其妙。

師笑曰：汝只解塑性，不解佛性。

師舒手摩方辯頂。曰：永為人天福田。

（師仍以衣酬之。辯取衣分為三，一披塑像，一自留，一用椶裹瘞地中。誓曰：後得此衣，乃吾出世，住持於此，重建殿宇。宋嘉祐八年，有僧惟先，修殿掘地，得衣如新。像在高泉寺，祈禱輒應。）

譯文

有一天，六祖惠能想洗滌一下五祖弘忍大師所傳的袈裟，卻找不到上好的清泉。

大師來到寺廟後面五里遠的地方，看到這裏山林葱鬱茂密，有祥瑞之氣籠罩盤旋，六祖惠能舉起錫杖在地上一戳，泉水立刻湧了出來，積成了一個水池。六祖惠能便跪在石頭上洗袈裟。忽然有一個僧人來禮敬參拜，說：我叫方辯，是西蜀人。之前在南天竺國，見到達摩大師，他囑咐我趕快到唐國來。達摩大師說：「我所傳大迦葉的真正教法及法衣，現在傳到第六代祖，目前在韶州曹溪山，你去瞻仰禮拜他。」我遠道而來，希望能得見達摩祖師所傳之袈裟。

六祖惠能就把衣鉢拿給他看，並問：你精通什麼事業呢？

方辯說：善於塑像。

惠能嚴肅地說：你試著塑一尊像看看。

方辯對惠能的要求感到困惑不解，但還是依教奉行，花了幾天時間就雕好了一尊佛像，大約有七寸高，惟妙惟肖。

六祖惠能笑著說：你確實擅長雕塑藝術，卻不解佛性。

六祖惠能伸手為方辯摩頂說：希望你生生世世都成為人天種福之田。（六祖又把法衣給了方辯以示感謝。方辯將法衣分為三塊，一塊披在塑像上，一塊自己珍藏，一塊用棕樹皮裹起來埋在地下。他發誓願說：後世挖出這塊法衣的人，就是我再來出世，要在這裏住持佛法，重新興建殿宇。宋代嘉祐八年，有位僧人叫惟先，修建大殿挖地時得到這塊法衣，跟新的一樣。塑像供奉在高泉寺，祈禱就有感應。）

賞析與點評

六祖惠能自五祖弘忍傳付衣缽心法以來，不斷遭受迫害，親身體會到「衣缽為爭端」的含義，遂依五祖囑咐，決定不再傳授衣缽。然而，如何處理衣缽？上文交待了衣缽的去處，交給雕塑家方辯禪師塑成一尊六祖像。佛像塑得惟妙惟肖，六祖惠能大加讚賞的同時，提醒方辯，莊嚴的佛像可供人們禮拜、種福田，然而覺悟佛性更重要。

有僧舉臥輪禪師偈曰：

臥輪有伎倆，能斷百思想；

對境心不起，菩提日日長。

師聞之，曰：此偈未明心地。若依而行之，是加繫縛。
因示一偈曰：
惠能沒伎倆，不斷百思想；
對境心數起，菩提作麼長？

譯文

有一個僧人轉述了臥輪禪師的一首偈：
臥輪有一個伎倆，能斷絕百般思想；
對外境心不攀緣，菩提心日日增長。
六祖惠能聽後對他說：這首偈語還沒有見到自己的心性，如果依照這首偈去修行，反而會受到束縛。
因此，六祖為他說了一首偈：
惠能沒有什麼伎倆，不用斷絕百般思想；
對境時心不斷生起，菩提心作麼增長呢？

賞析與點評

臥輪禪師的「能斷百思想」，其核心是「滅念頭，見自性」，這是二乘有為的修行。對此，六祖惠能以「不斷百思想」作回應，說明修禪人不是一念沒有，而是對境不取不捨，妄心不起。

頓漸品第八

本篇導讀——

佛陀一生講經三百餘會，說法四十九年，為我們留下了三藏十二部、八萬四千法門。佛陀的弟子們對自己所喜愛的義理加以發揮，形成許多精闢的理論，逐漸衍變成不同的部派（如十八部派或二十部派）；佛教傳入中國後，通過「判教」相繼形成了許多各具獨特教義、教規和修持方法的中國化佛教宗派，最著名的有八大宗派，而在禪宗中又有南北二宗、頓漸之分。各位宗派的創始人雖然不分彼此，但弟子們卻起了愛憎之心。以北宗神秀與南宗惠能門下徒眾為例，他們各自堅信自己的法門優，對方的法門劣，爭議愈演愈烈，甚至發生了北宗門人託志徹前來行刺六祖惠能的事件。針對這一混亂的局面，惠能在本品中重點闡釋「法無頓漸，人有利鈍，故名頓漸」，超越頓、漸之名，悟入不二法門，方能明心見性。

時，祖師居曹溪寶林，神秀大師在荊南玉泉寺。於時兩宗盛化，人皆稱南能北秀，故有南北二宗頓漸之分。而學者莫知宗趣。

師謂眾曰：法本一宗，人有南北；法即一種，見有遲疾。何名頓漸？法無頓漸，人有利鈍，故名頓漸。

譯文

那時，六祖惠能住在曹溪山寶林寺，神秀大師在荊南玉泉寺。當時兩位大師的弘化都很成功，講壇隆盛，被人們稱為「南能北秀」，所以就有了「南頓北漸」二宗的分別。然而，一般學道修禪的人並不了解兩宗的宗旨。

六祖惠能對眾人說：佛法本來都是同一個宗旨，因為傳法之人有南北，才有了南宗北宗的區分。然而，佛法本來只有一種，只因眾生的根機不同而有見性遲、速之分。什麼叫作頓或漸呢？佛法並沒有所謂的頓、漸之分，而是因為人的根機有利、鈍之別，所以才有所謂的頓悟、漸悟。

賞析與點評

狂風咆哮，一棵大樹挺起胸膛，頑強地與狂風搏鬥。最後，大樹折斷了腰，而大樹下的小草因隨風彎腰伏身而沒有受到多大損傷。學生問蘇格拉底：「大樹與小草，誰更值得讚美？」蘇格拉底說：「我讚美大樹，也讚美小草。」

頓、漸之爭由來已久，六祖惠能明確指出，佛法是對治之治，對症的法就是最適合的法，沒有高下之分，但人在領悟同一法時則有快有慢，而有頓、漸之說。換而言之，說頓、漸，是對眾生的根機而言，與佛法本身無關。事實上，頓、漸並非是兩個截然不同的法門，頓悟以漸悟為基礎，漸悟到一定程度才能發生頓悟，正如《法華文句》云：「漸頓者，修因證果，從體起用具有漸頓令明起用。用漸為權，用頓為實。若非漸引無由入頓。從漸得實故稱歎方便。」(T34.38a) 因此，我們讚美頓悟，也欣賞漸悟，兩者都是佛門重要的修行法門。

然秀之徒眾，往往譏南宗祖師，不識一字，有何所長？秀曰：他得無師之智，深悟上乘，吾不如也。且吾師五祖，親傳衣法，豈徒然

哉？吾恨不能遠去親近，虛受國恩。汝等諸人毋滯於此，可往曹溪參決。

譯文

然而，神秀大師的弟子門人常常譏諷南宗六祖惠能：不識一個字，能有什麼過人之處呢？

神秀大師聽了這話以後就說：他已得無師自悟的佛智，深悟最上乘的佛法，我比不上他。況且我的師父五祖親自把衣法傳授給他，難道是憑空傳授的？我只恨自己不能遠道前去親近他，在這裏白白地受領國家對我的恩寵。你們不要總是圍繞在我身邊，可以前往曹溪山參訪學習，請他為你們印證。

賞析與點評

「無師之智」是指無師而獨悟的智慧，如佛所證得的智慧，非由師教或外力而得；又如緣覺（獨覺）聖者，觀諸法因緣生滅，不待師教而證成覺智。惠能也是如此，自悟明心見性之法，而得五祖弘忍印證。神秀以「無師之智」讚美惠能，頗具一代宗師的風範與氣度。

一日，命門人志誠曰：汝聰明多智，可為吾到曹溪聽法。若有所聞，盡心記取，還為吾說。

志誠稟命至曹溪，隨眾參請，不言來處。

時祖師告眾曰：今有盜法之人，潛在此會。

志誠即出禮拜，具陳其事。師曰：汝從玉泉來，應是細作[1]。

對曰：不是。

師曰：何得不是？

對曰：未說即是，說了不是。

師曰：汝師若為示眾？

對曰：常指誨大眾，住心觀淨，長坐不臥。

師曰：住心觀淨，是病非禪；長坐拘身，於理何益？聽吾偈曰：

生來坐不臥，死去臥不坐；
一具臭骨頭，何為立功課？

注釋

1 細作：奸細，間諜。

譯文

一天，神秀大師對弟子志誠說：你天資聰穎而富才智，可以替我到曹溪山聽六祖惠能的教法；如果聽到什麼妙法，盡力地記住，回來再告訴我。

志誠奉命來到曹溪山，跟隨大眾向六祖惠能參學請益，沒有說明自己是從哪裏來的。

當時，六祖惠能向大眾宣告說：今天有想暗中盜法的人潛伏在這個法會之中。

志誠一聽，連忙從大眾中走出來，向六祖頂禮，詳細說明自己前來求法的因由。

六祖說：你從玉泉寺來，應該算是奸細了。

志誠說：我不是。

六祖惠能說：何以見得你不是？

志誠說：在我說明來意之前可以說是，現在既然說明了我的來意，就不能算是了。

六祖惠能說：你的老師是如何教導大眾的？

志誠說：師父常常教誨大眾要住心一處，使成無念狀態，靜觀清淨，長期靜坐而不倒臥。

六祖惠能說：住心觀淨，是一種禪病，而不是真正意義上的修禪。長期靜坐，拘束身體，對領悟佛理又有什麼益處呢？聽我說偈：

在世時常坐而不臥，死後卻常臥不坐；一輩子總是在這臭皮囊上強下功夫，還把這立為必修的功課嗎？

賞析與點評

依據傳統佛教的觀點，因心有妄念而生煩惱，不得解脫，禪修就是要學會「守意」，即通過數息的方法，使身心專注於一境，使妄念不再有機會生起。

神秀的禪修方法應依此而來，教人「凝心入定，住心看淨，起心外照，攝心內證」。這種方法對初學者而言是行之有效的。然而，禪修者若只停留在坐禪之相與死守意念，執相不除，禪定難以深入，反而成為悟道的障礙。故惠能說：「住心觀淨，是病非禪。」

人應當明心見性，一覺悟即證得佛地，不需要在臭皮囊上強下功夫，而執著於禪坐形式，長時約束身體坐禪而不臥。

志誠再拜曰：弟子在秀大師處學道九年，不得契悟。今聞和尚一說，便契本心。弟子生死事大，和尚大慈，更為教示。

師曰：吾聞汝師教示學人戒定慧法，未審汝師說戒定慧行相如何？與吾說看。

誠曰：秀大師說：「諸惡莫作名為戒，諸善奉行名為慧，自淨其意名為定。」彼說如此，未審和尚以何法誨人？

師曰：吾若言有法與人，即為誑汝。但且隨方解縛，假名三昧。如汝師所說戒定慧，實不可思議；吾所見戒定慧又別。

志誠曰：戒定慧只合一種，如何更別？

師曰：汝師戒定慧接大乘人；吾戒定慧，接最上乘人。悟解不同，見有遲疾。汝聽吾說，與彼同否？吾所說法，不離自性；離體說法，名為相說；自性常迷，須知一切萬法，皆從自性起用，是真戒定慧法。聽吾偈曰：

心地無非自性戒，心地無癡自性慧；
心地無亂自性定，不增不減自金剛；
身去身來本三昧。

譯文

志誠聽後，再次向六祖頂禮說：弟子在神秀大師那裏，參學已有九年，內心都無法認識和體悟佛法要義。今天聽大師您這麼一說，已經契合本心，有所了悟。弟子覺得生死事大，無常迅速，希望和尚慈悲，再給我一些教化開示。

六祖惠能說：我聽說你的老師是用戒定慧來教導學人，不知你的老師所說戒定慧的具體內容是什麼？你說給我聽聽看。

志誠說：神秀大師說：「一切惡行不要造作叫作戒，奉行一切善事叫作慧，清淨自己的意念叫作定。」我的老師是那樣說的，不知和尚是用什麼法來教誨學人呢？

六祖惠能說：我如果說有教法給人，那就是騙你。只是為了隨順方便替大家解除執縛，而假託個名稱叫作「三昧」。至於你的老師所說的戒定慧，實在是不可思議，但我對戒定慧的見解又有所不同。

志誠說：戒定慧只應該有一種，為什麼會有不同呢？

六祖惠能說：你的老師所說的戒定慧是接引大乘根機的人，我的戒定慧是接引最上乘根機的人。理解領悟能力不同，見性就有遲、速的差異。你聽我所說和他所說的有相同嗎？我所說的教法，不離自性，如果離開自性本體而說法，只能是執著於虛幻不實的現象、名相而叫作著相說法，自性就常被迷惑。要知道，一切萬法都是從自性而起用，這才是真正的戒定慧法。聽我說偈：

心地沒有過失就是自性戒，心地沒有癡念就是自性慧；

心地沒有散亂就是自性定，不增不減的自性堅如金剛；

自身來去自如皆本於三昧。

賞析與點評

佛教的宗派很多，有時各自的觀點甚至千差萬別，但戒、定、慧三學則是各宗公認的解脫之方法。神秀、惠能對此都有自己的詮譯，可見其重要性。神秀從「諸惡莫作，諸善奉行，自淨其意」三方面來詮釋戒、定、慧，已對印度佛教的修行方法作出新的詮釋，但仍是有相的修行範疇。惠能對此的評論是：「離體說法，名為相說。」惠能從心入手，以心中無非、無亂、無癡來詮釋戒、定、慧，直指人心，簡單明了，易於操作，持戒者心無所縛，遠離空有之執著，最終悟得不增不減的「無相金剛心地戒」，又稱無相戒。

誠聞偈，悔謝，乃呈一偈曰：

五蘊幻身，幻何究竟？

迴趣真如，法還不淨。

師然之，復語誠曰：汝師戒定慧，勸小根智人；吾戒定慧，勸大根智人。若悟自性，亦不立菩提涅槃，亦不立解脫知見[1]，無一法可得，方能建立萬法。若解此意，亦名佛身，亦名菩提涅槃，亦名解脫知見。見性之人，立亦得、不立亦得，去來自由，無滯無礙，應用隨作，應語隨答，普見化身，不離自性，即得自在神通，遊戲三昧[2]，是名見性。

志誠再啟師曰：如何是不立義？

師曰：自性無非、無癡、無亂，念念般若觀照，常離法相，自由自在，縱橫盡得，有何可立？自性自悟，頓悟頓修，亦無漸次，所以不立一切法。諸法寂滅，有何次第？

志誠禮拜，願為執侍，朝夕不懈。

注釋

1 知見：依自己的思慮分別而立的見解，自然應去除。即使是無分別之般若智慧，也不應執而不放。

2 遊戲三昧：佛菩薩遊於神通，化人以自娛，進退自由自在，常在定中，心無牽掛，得法自在。

譯文

志誠聽完偈頌後，向六祖悔過謝恩，並呈上一首偈：

五蘊假合成幻化身，既是幻化怎會究竟？

即使回向真如自性，尚猶著法還是不淨。

六祖稱許說好，又對志誠說：你的老師說的戒定慧是勸小根智人，我說的戒定慧是勸大根智人。如果能夠悟得自性，就不必建立「菩提涅槃」，也不必建立「解脫知見」了。要到無有一法可得的境界，才能建立萬法。如果能夠領會這個道理，就叫作「佛身」，也叫作「菩提涅槃」、「解脫知見」。已經見性的人，要立這些佛法名稱可以，不立也可以，去來自由，沒有滯留、沒有妨礙。當用之時隨緣作用，當說之時隨緣應答，普現一切化身而不離自性，這樣就可以得到「自在神通」和「遊戲三昧」，這就叫作見性。

志誠再次請教六祖：什麼是「不立」之義？

大師說：自性沒有一念過非，沒有一念癡迷，沒有一念散亂，如果念念都能用智慧來觀照自心本性，常離一切法的形相執著，就能自由自在，縱橫三際十方，悠然自得，還有什麼需要建立的呢？自性要靠自己覺悟，頓時開悟，頓時修證，並沒有一個漸進的次序，所以不必建立一切法。一切諸法本來常自寂滅，還要建立什麼次第呢？

志誠聽後，頂禮拜謝，發願隨侍六祖左右，從早到晚不曾懈怠。

賞析與點評

明心見性的境界到底是什麼？是涅槃、解脫，還是法性、自性、佛性？惠能在此強調，對見性的人而言，你如何叫它都無關緊要。正如莎士比亞在《羅密歐與茱麗葉》一文中寫道：「名字有什麼相干？我們叫作玫瑰的，叫任何別的名字，仍然一樣的芬芳。」同樣，明心見性的境界不需要任何標籤，事實上，現存的有關自性的障礙，反而成為了解自性的障礙，使人們產生有害的偏見。所以惠能說：「見性之人，立亦得、不立亦得，去來自由，無滯無礙，應用隨作，應語隨答，普見化身，不離自性，即得自在神通，遊戲三昧，是名見性。」

僧志徹，江西人，本姓張，名行昌，少任俠。自南北分化，二宗主雖亡彼我，而徒侶競起愛憎。時，北宗門人，自立秀師為第六祖，而忌祖師傳衣為天下聞，乃囑行昌來刺師。師心通，預知其事，即置金十兩於座間。時夜暮，行昌入祖室，將欲加害。師舒頸就之，行昌揮刃者三，悉無所損。

師曰：正劍不邪，邪劍不正。只負汝金，不負汝命。

行昌驚仆，久而方蘇，求哀悔過，即願出家。師遂與金，言：汝且去，恐徒眾翻害於汝。汝可他日易形而來，吾當攝受[1]。行昌稟旨宵遁，後投僧出家，具戒精進。

注釋

1 攝受：原指以慈悲心去攝取眾生，這裏是說願意度化並接受志徹為徒。

譯文

僧人志徹，江西人，俗姓張，名叫行昌，少年時曾做過俠客。自從南北兩宗分化弘教以來，兩位宗主雖然不分彼此，沒有爭勝，但是，門徒們卻競相生起愛憎之心。當時，北宗門下的弟子自行推立神秀大師為第六祖，他們恐怕五祖傳衣法給六祖的事被天下人知道，於是派遣行昌來行刺六祖惠能。六祖惠能心中通徹明亮，早已預知有此事，就先準備十兩黃金放在座位上。有一天夜裏，行昌潛入六祖的房間，要刺殺六祖，六祖從容地伸出脖子給他砍，行昌一連砍了三刀，都沒有傷害到六祖。

六祖說：正義之劍無邪心，邪心用劍行不正，我只欠你的錢債，沒有欠你的命債。行昌驚恐萬狀，仆倒在地，很久才蘇醒過來，向大師懺悔自己的罪過，請求原諒，並表示希望跟隨六祖出家。六祖就把金子給了行昌，對他說：你暫且離開，恐怕我的弟子們知道會加害於你。過一段時日以後，你可以喬裝打扮再來，我自當接受你為徒。行昌遵照六祖的意旨，連夜離開，後來別投僧團出家，受具足戒，精進修行。

賞析與點評

《六祖壇經》多處記載了神秀的弟子追趕惠能，企圖奪回衣缽的事情，此處更是記述了行昌行刺惠能的事件，南、北二宗之爭愈演愈烈。學習「無諍」的佛法者仍不免於「爭」，古今皆有，絕非佛法不靈，而是修心不到，深宜戒免！神秀提倡「諸惡莫作名為戒」，確有針對性和必要性。

一日，憶師之言，遠來禮覲。師曰：吾久念汝，汝來何晚？曰：昨蒙和尚捨罪，今雖出家苦行，終難報德，其惟傳法度生乎！弟子常覽《涅槃經》，未曉常、無常義，乞和尚慈悲，略為解說。

師曰：無常者，即佛性也；有常者，即一切善惡諸法分別心也。

曰：和尚所說，大違經文。

師曰：吾傳佛心印[1]，安敢違於佛經？

曰：經說「佛性是常」，和尚卻言「無常」；善惡諸法乃至菩提心，皆是無常，和尚卻言是常，此即相違，令學人轉加疑惑。

師曰：《涅槃經》，吾昔聽尼無盡藏讀誦一遍，便為講說，無一字一義不合經文。乃至為汝，終無二說。

注釋

1 心印：佛陀菩提樹下之悟證，無法用語言文字表達，只能心悟，以心印心，故稱心印。

譯文

有一天，行昌想起了六祖惠能的話，遂遠道而來拜見大師。大師說：我一直都在惦念著你，你怎麼來得這麼晚呢？

行昌說：過去承蒙和尚慈悲寬恕我的罪過，現在雖然出家勤修苦行，總覺得難以報答和尚的恩德，心想只有弘傳佛法，廣度眾生，才能報此恩德於萬一。弟子出家以來，常常閱覽《涅槃經》，卻不懂「常」和「無常」的意義，請和尚慈悲，簡單為我解說。

六祖說：所謂「無常」，就是佛性；所謂「有常」，就是對一切善惡法的分別心。

行昌說：大師，您說的與經文大相徑庭。

六祖惠能說：我傳授佛法心印，怎麼敢違背佛經呢？

行昌說：經文上說佛性是「常」，大師您卻說佛性是「無常」；一切善惡事物，甚至無上覺悟，都是「無常」，大師您卻說是「常」，這不是與經文相背嗎？這使得我更加疑惑了。

大師說：《涅槃經》，我曾經聽無盡藏比丘尼念誦過，我給她講說經文大義，沒有一點不符合佛經的。剛才給你講的也是同樣的道理，不會有別的說法。

賞析與點評

自古以來，被稱為「萬歲」的人，沒有一個活過百歲；被讚譽有傾國傾城之貌的美女，沒有一個逃脫人老珠黃的命運。世事無常，瞬息萬變，所有這一切都說明，人生、名利、美貌、家庭等世間萬物皆受無常規律的支配。換而言之，「無常」是萬事萬物恆常不變之本性，即佛性，所以惠能說：「無常者，即佛性也。」

世間一切之法，生滅遷流，剎那不住，謂之無常；反之則謂之常，即指永恆不變，真實不虛假。在此處的對話中，行昌所講的是《涅槃經》的經文，而惠能則是依據禪宗教義對《涅槃經》重新解釋。

曰：學人識量淺昧，願和尚委曲開示。

師曰：汝知否？佛性若常，更說什麼善惡諸法乃至窮劫，無有一人發菩提心者？故吾說無常，正是佛說真常之道也。又，一切諸法若無常者，即物物皆有自性，容受生死，而真常性有不徧之處。故吾說常者，是佛說真無常義。佛比為凡夫外道執於邪常，諸二乘人於常計無常，共成八倒[1]。故於涅槃了義教[2]中，破彼偏見，而顯說真常真樂真我真淨。汝今依言背義，以斷滅無常，及確定死常，而錯解佛之圓妙最後微言，縱覽千遍，有何所益？

注釋

1 八倒：普通人有四種錯誤見解：常顛倒——無常常想、樂顛倒——苦生樂想、我顛倒——無我我想、淨顛倒——不淨淨想；修道人誤將對涅槃常、樂、我、淨的境界曲解為無常、無樂、無我、無淨四倒。這兩種四倒合起來就是八倒。

2 了義教：指直接、完全闡釋佛法道理。

譯文

行昌說：我見識淺薄，希望師父開示。

六祖惠能說：你知道嗎？如果佛性是常，為什麼還要說善惡諸法，以至於還說從來沒有人發菩提覺悟之心？所以我說佛性無常，是說佛性真實常在。還有，如果說一切事物無常，是說萬事萬物都有自己的體性，用以承受生死，而真實存在的佛性也有不能遍及的地方。所以我說的常，正是佛說的無常。佛知道世俗人和外道將無常看作真實存在，而聲聞和緣覺二乘人，把佛性看作無常。所以出現了常、樂、我、淨、非常、非樂、非我、非淨八種顛倒妄想見。《涅槃經》的教義是破斥這些斷見，指出什麼是真常、真樂、真我、真淨四德。你依據經文文字卻違背經文經義，以有斷滅的現象為無常，而以確定僵死為常，錯誤地理解佛陀最後開示的妙諦。這樣縱使念經千遍，又有何用？

賞析與點評

魯迅先生曾講過這樣一則寓言：從前，有一位大財主為他的兒子做一周歲生日，聚會接近尾聲時，每人都要講一句「真心」話，為嬰兒祝福，升官、發財、英俊、娶漂亮太太之類的話不絕於耳，大財主高興極了，最後卻被一位智者的話激怒：「這個小孩有一天會死的。」事實上，人生無常，是自然規律，哪個不知?!但人們心靈深處仍期盼自己能長生不老，佛家稱之為「常顛倒」——無常常想，加上「樂顛倒」——苦生樂想、「我顛倒」——無我我想和「淨顛倒」——不淨淨想，即為凡夫的四顛倒。

行昌忽然大悟，說偈曰：
因守無常心，佛說有常性；不知方便者，猶春池拾礫。
我今不施功，佛性而現前；非師相授與，我亦無所得。
師曰：汝今徹也，宜名志徹。
徹禮謝而退。

譯文

行昌豁然開悟，說了偈：
因守無常心，佛說有常性；不知方便者，猶春池拾礫。
我今不施功，佛性而現前；非師相授與，我亦無所得。
六祖惠能說：你現在徹底開悟了，你就改名叫志徹吧。
志徹行禮致謝後便退下。

賞析與點評

行昌依據傳統佛教的詮譯，堅信善惡諸法無常，佛性是常樂我淨的，六祖使用「對法」破行昌的法執：「無常者，即佛性也；有常者，即一切善惡諸法分別心也。」這種看似違反佛經的言論，令行昌百思不得其解。聽了六祖的解釋，行昌如夢初醒，方知眾生分別善惡諸法的妄心是「常」，而領悟諸法無常之理即是佛性，所以說「無常者，即佛性也」。

有一童子，名神會，襄陽高氏子，年十三，自玉泉來參禮。

師曰：知識遠來艱辛，還將得本來否？若有本則合識主，試說看！

會曰：以無住為本，見即是主。

師曰：這沙彌爭合取次[1]語！

會乃問曰：和尚坐禪，還見不見？

師以拄杖打三下，云：吾打汝是痛不痛？

對曰：亦痛亦不痛。

師曰：吾亦見亦不見。

神會問：如何是亦見亦不見？

師云：吾之所見，常見自心過愆，不見他人是非好惡，是以亦見亦不見。汝言「亦痛亦不痛」如何？汝若不痛，同其木石；若痛，則同凡夫，即起恚恨。汝向前見、不見是二邊，痛、不痛是生滅。汝自性且不見，敢爾弄人！

神會禮拜悔謝。

注釋

1 取次：隨便、草率。

譯文

有一童子，名叫神會，是襄陽高姓人家的子弟，十三歲時，從神秀主持的玉泉寺來到曹溪山向六祖惠能致禮。

六祖惠能說：善知識！你遠道而來，辛苦非常。你將自己的根本帶來了嗎？如果帶來了，就應該認得主人公，你不妨說說看。

神會說：我以無所住心為根本，「見」就是主人公。

六祖惠能說：你這個沙彌講話怎麼這樣輕率呢？

神會於是問道：和尚坐禪時，是見到佛性，還是見不到呢？

六祖用拄杖打了他三下後問：我打你時，是痛還是不痛呢？

神會回答說：也痛也不痛。

六祖說：我也見也不見。

神會問：怎樣是也見也不見呢？

六祖說：我所見的，是自己內心的過失，但是不見別人的是非好壞，所以說也見也不見。那你說也痛也不痛是什麼意思？你如果不痛，就和木石一樣沒有知覺；你如果說痛，那你就和凡夫俗子一樣，會生起怨恨之心。你前面問的見、不見是二邊見，痛不痛屬於可以生滅的有為法。你連自性都還沒有見到，還敢這樣作弄人！

神會聽了這一番話，就向六祖頂禮，懺悔謝罪。

賞析與點評

在早期禪宗史上，神會（六六八—七六〇）是位舉足輕重的人物，為荷澤宗之祖。他年幼時學習五經、老莊、諸史，十三歲時，參謁六祖惠能。惠能去世後，參訪四方，跋涉千里。開元二十年（七三二）在河南滑台大雲寺設無遮大會，與山東崇遠論戰，竭力攻擊神秀一門，確立南宗惠能系之正統傳承與宗旨，並於天寶四年（七四五）著《顯宗記》，定南惠能為頓宗，北神秀為漸教，「南頓北漸」之名由是而起。本段記錄了神會與六祖的對話，以見與不見、打與不打、痛與不痛，生動地展示了頓悟法門運用「對法」教育學人的教育法。

師又曰：汝若心迷不見，問善知識覓路。汝若心悟，即自見性，依法修行。汝自迷不見自心，却來問吾見與不見。吾見自知，豈代汝迷？汝若自見，亦不代吾迷。何不自知自見，乃問吾見與不見？

神會再禮百餘拜，求謝過愆，服勤給侍，不離左右。

譯文

六祖惠能又說：你如果心迷，不能見性，就必須找善知識請教見性之路。如果心有所悟，就是自見本性，可以就此依法修行。你愚迷不見自己的心性，卻反來問我見與不見。我見性，我自己知道，豈能代替你心中的愚迷？你如果自見本性，也不能代替我心中的愚迷。為什麼不去自知自見，卻來問我見與不見呢？神會聽了，再向六祖頂禮一百多拜，請求大師恕罪，從此服侍六祖，不離左右。

賞析與點評

莊子與惠施在濠水橋上散步時，看見魚兒在水中悠然自得地遊戲，由衷地感歎說：「這是魚兒的樂趣啊！」惠施不以為然地反問莊子：「你不是魚，怎麼知道魚兒是快樂的呢？」莊子反唇相譏：「那麼，你不是我，怎麼知道我不了解魚的樂趣呢？」

莊子與惠施的爭辯帶有濃厚的哲學意味，同神會與惠能的對話有異曲同工之處，說明自見自知，自性自悟，他人代替不得，又何必問人。

一日，師告眾曰：吾有一物，無頭無尾，無名無字，無背無面，諸人還識否？神會出曰：是諸佛之本源，神會之佛性。

師曰：向汝道「無名無字」，汝便喚作本源佛性。汝向去有把茆蓋頭[1]，也只成個知解宗徒[2]。

祖師滅後，會入京洛，大宏曹溪頓教，著《顯宗記》，盛行於世，是為荷澤禪師。

師見諸宗難問，咸起惡心，多集座下，愍而謂曰：學道之人，一切善念惡念，應當盡除。無名可名，名於自性；無二之性，是名實性。於實性上建立一切教門，言下便須自見。

諸人聞說，總皆作禮，請事為師。

注釋

1 把茆蓋頭：取茅草建草庵以作棲身處。茆，茅草。

2 知解宗徒：通過文字來修行的人，即以學習和理解經典文字為修行的僧人。

譯文

有一天，六祖惠能告訴大家：我有一樣東西，沒有頭也沒有尾，沒有名也沒有字，沒有後也沒有前，大家還識得麼？

神會挺身而出說：這是諸佛的本源，也是我神會的佛性。

六祖說：已經跟你說沒有名沒有字了，你還叫它作本源佛性。你以後即使有茅屋存身，也只是個將佛法作知解會意的人。

六祖惠能圓寂後，神會到了京師，大力弘揚六祖惠能的頓教法門，著有《顯宗記》，盛行於世，世稱荷澤禪師。

六祖惠能看到各宗派之間互相為難指責，弟子們都生起邪惡之心，所以經常召集門人弟子，寬厚憐憫地對大家說：學道的人，對一切善、惡念頭都應當盡行除掉。當善惡都不去思量的時候，這種境界無以名之，假名為自性。這無二的自性，就叫作真如實性。在真如實性上建立一切教門，言下就應該見到自己的本性。

大家聽完六祖的一番開示後，都虔誠頂禮，請求六祖惠能教化指授他們。

賞析與點評

人類有史以來有很多非凡的發明，如電腦、飛機、宇宙飛船等等。但人類最有意義、最偉大的創造應該算是語言文字，它用以表達人類由感官和心靈所體驗到的事物、經驗、思想和感情，成為一種符號，與真實的事物有本質性的區別。以火為例，物質燃燒過程中散發出光和熱的現象，被稱為「火」，與人們口頭上說小孩玩火很危險的「火」是完全不同的兩個概念，前者是真實的火，而後者只是名相，並不是真實的「火」，否則，「火」從口出時，嘴唇就會被烤焦！同理，佛性確有其物，在聖不增，在凡不減，奇妙無比，只能意會，不可言傳。但經口說出的「佛性」，便落入邏輯思維的圈套，與真實的佛性相距十萬八千里。「我有一物，無頭無尾，無名無字，無背無面，諸人還識否？」六祖所問的正是「佛性」，可悟而不可言傳，故禪宗有「說似一物即不中」之語。一個人只有在超越時空、遠離邏輯思維時，以直覺觀照，才能領會佛性之真義。故惠能說：「無名可名，名於自性；無二之性，是名實性。」

護法品第九

本篇導讀——

從東方到西方，政教關係一直是人們討論的熱門話題。在西方，自公元四世紀末天主教成為羅馬帝國國教起，「政教合一」與「政教分離」之爭便貫穿西方發展史；在印度，「政權」和「教權」似有平分秋色之局面，因而有「沙門不敬王者」之說；在中國，「教權」從未置於「政權」之上，兩者是在「整合」這一思維模式上共榮共生，因而有「不依國主，則法事難立」之論、「問政不干治」之說。本品以「護法品」命名，足以說明中國式的政教關係。

武則天自六九〇年當上皇帝以來，以佛法輔助治國，開鑿龍門石窟、敦煌石窟，敕封華嚴宗祖師法藏、北宗祖師神秀為國師，親自行跪拜禮，朝夕問道。本品記述了武則天、唐中宗派遣內侍薛簡請六祖惠能入宮問道，六祖以老疾上表辭，同時為薛簡開示佛法大意，辨析北宗一味強調的坐禪之弊病，認為「道由心悟，豈在坐也」，應從當下的現實人生去領悟「煩惱即菩提」，相即不二，自性自悟，才是悟道的正途。

薛簡回宮轉述惠能的教法，武則天深感今世有幸得遇名師，聽聞無上微妙大法，非但沒有責罰惠能拒絕奉詔之罪，反而更加敬重他，賜給他袈裟，並將新州惠能故居重建，改作國恩寺。與此同時，佛教在武則天、中宗皇帝的護持下蓬勃發展，如日中天。武則天與惠能之間的良性互動，成為佛教在唐朝發展的最大護法。

神龍元年上元日，則天、中宗詔云：朕請安、秀二師，宮中供養。萬幾之暇，每究一乘。二師推讓云：「南方有能禪師，密授忍大師衣法，傳佛心印，可請彼問。」今遣內侍薛簡，馳詔迎請，願師慈念，速赴上京。

師上表辭疾，願終林麓。

譯文

唐中宗神龍元年（七〇五）正月十五日，太后武則天和唐中宗下詔說：我迎請嵩山慧安和荊南玉泉寺的神秀兩位大師到宮裏來，誠心供養。在治理紛繁的政務之餘，經常向兩位大師請教一佛乘的教理。兩位大師都很謙遜地推讓說：「南方有位惠能禪師，曾受五祖弘忍大師密傳衣法，是傳佛心印的人，可以迎請他來參問。」現在我派遣宮中內侍官薛簡，帶著詔書前來迎請大師。望大師慈悲為懷，迅速趕赴京城。

六祖惠能接到詔書之後，上表稱病辭謝，表示願意在山林終老一生。

賞析與點評

武則天、中宗皇帝邀請國師慧安和神秀入宮問道，二人同時向武則天推薦惠能：「南方有能禪師，密授忍大師衣法，傳佛心印。」

從這段推薦辭可知，神秀不僅敬重惠能，而且承認他繼承五祖衣缽的事實。從另一方面來看，六祖推託武則天的邀請，應含有對神秀的尊重。由此我們不難推論，惠能、神秀的修行與德行同樣令人尊敬。更重要的是，兩位宗師在世時，頓、漸之爭並非我們想像的激烈，所謂的南、北之爭，應是二位大師的弟子引發的。

薛簡曰：京城禪德皆云：「欲得會道，必須坐禪習定；若不因禪定而得解脫者，未之有也。」未審師所說法如何？

師曰：道由心悟，豈在坐也？經云：「若言如來若坐若臥，是行邪道。」何故？無所從來，亦無所去，無生無滅，是如來清淨禪；諸法空寂，是如來清淨坐。究竟無證，豈況坐耶？

譯文

薛簡說：京城裏的禪門大德都說：「想要體會佛道，必須要坐禪習定；不憑藉修禪習定而能夠得到解脫，這樣的人還沒有出現過。」不知道大師對此有何看法？

六祖惠能說：道要從自心去悟，怎麼可能從長期打坐而得呢？佛經上說：「如果有人想從坐臥相見到如來，這就是行邪道。」為什麼呢？因為如來是無所來，也無所去。無生無滅就是如來的清淨禪，諸法空寂就是如來的清淨坐。究竟的真理本來無有一法可證，哪裏還有什麼坐或不坐呢？

賞析與點評

據《景德傳燈錄》記載，年輕的馬祖道一整天靜坐不動，看心觀淨，期盼有朝一日妄不起心，開悟成佛。其師懷讓禪師十分憂慮，故意問他：「坐禪圖什麼？」道一回答：「圖作佛。」懷讓一言不發，拿出一塊磚頭，在道一身旁的石頭上磨了起來。道一詢問，懷讓回答：「磨作鏡。」道一頓覺好笑：「磨磚豈得成鏡耶？」懷讓抓住機會反問：「磨磚不能成鏡，坐禪豈得成佛耶?!」道一仍滿臉疑慮地問：「如何才能開悟成佛？」懷讓開導他說：「如果一個人所駕的車停下來，要使車繼續行走，你是打車還是打牛？」道一聞言大悟。(T51.240c21)

要使車子順利到達目的地，如果車子不走了，問題不在車子，而在拉車的牛；同理，惠能告誡世人：「道由心悟，豈在坐也？」參禪悟道時，若過於執著於坐禪的儀式，是心外求法，故惠能說：「若言如來若坐若臥，是行邪道。」

只有從心入手，去除一切執著，「無所從來，亦無所去，無生無滅」，頓悟自心本來清淨，與佛無異，此心即佛，這就是「如來清淨禪」。

簡曰：弟子回京，主上必問。願師慈悲，指示心要，傳奏兩宮，及京城學道者。譬如一燈，然百千燈，冥者皆明，明明無盡。

師云：道無明暗，明暗是代謝之義。明明無盡，亦是有盡，相待立名。故《淨名經》云：「法無有比，無相待故。」

簡曰：明喻智慧，暗喻煩惱。修道之人，倘不以智慧照破煩惱，無始生死，憑何出離？

師曰：煩惱即是菩提，無二無別。若以智慧照破煩惱者，此是二乘見解，羊鹿等機；上智大根，悉不如是。

譯文

薛簡說：弟子我回到京城，太后、皇上必然問起大師的教法心要，希望大師慈悲為懷，給我開示最精要的法義，我好表奏兩宮，以及京城參學佛道的人士。這好比一盞燈點燃千百萬盞燈，燈燈相續，慧焰不息，無窮無盡。

六祖惠能說：道沒有明、暗的分別，光明和黑暗的意義是相互代謝，互為依存。說光明永無窮盡，也是有盡，因為光明和黑暗是互相對立、互為條件所建立的一對概念。《淨名經》說：「佛法是無可比擬的，因為沒有對待的緣故。」說的就是這個道理。

薛簡說：光明譬如智慧，黑暗譬如煩惱。修道人如果不用智慧的光去照破無明煩惱，如何能出離無始無終的生死呢？

六祖說：煩惱就是菩提，並不是兩樣完全不同的東西。如果說要用智慧的光來照破無明煩惱，這是聲聞、緣覺二乘人（羊車、鹿車二乘）的見解，是《法華經》上說的乘坐羊車和鹿車的人的見解。有上智大根性的人都不會作這樣的見解。

賞析與點評

「煩惱即是菩提，無二無別。」不少人將這句話簡單地理解為：凡夫就是佛，煩惱就是菩提。依照這樣的邏輯，小孩子等於大人，男人等於女人，爸爸等於兒子……豈不是語無倫次，天下大亂?!

其實，這句話講述的是，凡夫與佛、煩惱與菩提，並非絕對的對立，看似對立的兩面，是可以相互轉化的，而轉化的關鍵則是一念間的轉迷成悟。

簡曰：如何是大乘見解？

師曰：明與無明，凡夫見二；智者了達，其性無二。無二之性，即是實性。實性者，處凡愚而不減，在賢聖而不增，住煩惱而不亂，居禪定而不寂。不斷不常，不來不去，不在中間及其內外；不生不滅，性相如如，常住不遷，名之曰道。

譯文

薛簡問：如何才是大乘的見解呢？

六祖說：光明智慧和愚迷黑暗，在凡夫看來是不同的兩種東西，有智慧的人了悟它們在本質上是沒有區別的。這無二的性體，就是真如實性。所謂實性，在凡愚身上並不曾減少，在聖賢身上也不會增加，住於煩惱之中不會散亂，處於禪定之中也不滞空寂。不是斷滅，也不是恒常，沒有來，也沒有去，不在中間，也不在內外。不生不滅，性相一如，永不改變，稱之為道。

賞析與點評

有一位很自負的年輕人為自己屢戰屢敗而痛苦不堪，朋友只好講笑話使他暫時忘記痛苦：

一個探險家出發去北極，最後卻到了南極，人們問為什麼，探險家答：「因為我帶的是指南針，我找不到北。」

沒等朋友把話說完，這位年輕人立即插話：「怎麼可能呢，南極的對面不就是北極嗎？轉個身就可以了。」朋友反問：「那麼失敗的對面，不就是成功嗎？」

是啊，如果說失敗是成功的指南針，那麼，無明就是智慧的催化劑，煩惱則是菩提的肥料。換而言之，看似對立的事物，其實是一體兩面的關係。惠能便使用這種辯證的思維來破除二元對立的思維，以空、有「不二」的中道觀，引導人們了悟佛教超越對立的真理及宇宙人生的真實本性。

簡曰：師說不生不滅，何異外道？

師曰：外道所說不生不滅者，將滅止生，以生顯滅，滅猶不滅，生說不生；我說不生不滅者，本自無生，今亦不滅，所以不同外道。汝若欲知心要，但一切善惡，都莫思量，自然得入清淨心體，湛然常寂，妙用恆沙。

簡蒙指教，豁然大悟。禮辭歸闕，表奏師語。

譯文

薛簡說：大師所說的不生不滅，和外道所說的有什麼不同之處？

六祖惠能說：外道所說的不生不滅，是以滅來終止生，以生來顯現滅，如此滅還是不滅，生也只是說不生。我所說的不生不滅，本來就是無生，現在也無所謂滅，所以和外道不同。如果你想要知道佛法要旨，只須對一切善惡諸法都不去思量，自然就能悟入清淨心體，澄明常寂，妙用無窮。

薛簡受到了指點教化，豁然開悟。禮敬辭別六祖惠能而回歸宮中，上表報奏了六祖惠能的教說。

賞析與點評

世人對自我與身外之物的執著，成為煩惱、痛苦的根源。生滅無常的教法因而成為破除各種執著的利器而被重視。當薛簡聽惠能講述「不生不滅」的無上大法時，心有不解，甚至誤認為是外道之說。其實，外道所說的生、滅，屬常、斷兩種邊見，而惠能所說的「不生不滅」，如同落花、流水，無時無刻不在變化。這種無常變化之規律是「不生不滅」的。

其年九月三日，有詔獎諭師曰：師辭老疾，為朕修道，國之福田。師若淨名託疾毘耶，闡揚大乘，傳諸佛心，談不二法。薛簡傳師指授如來知見，朕積善餘慶，宿種善根，值師出世，頓悟上乘，感荷師恩，頂戴無已。並奉磨衲袈裟[1]，及水晶鉢，敕韶州刺史修飾寺宇，賜師舊居為國恩寺焉。

注釋

1 磨衲袈裟：袈裟之一種，相傳乃高麗所產，以極精緻之織物製成。磨，即指紫磨，屬於綾羅類。

譯文

這一年的九月三日，朝廷下詔褒獎讚譽六祖惠能，說：大師以年老多病辭去詔請，一心修行佛道，這是國家的福報啊。大師就如同維摩詰居士一樣，推託有病而居住於毘耶離城中，從而大力弘揚大乘佛法，傳授一切佛的心印，宣講佛性平等無二的法門。薛簡已經上表奏明大師所傳授的佛智見解，是朕積善而有餘慶，宿世種下的善根，所以才能幸逢大師出世教化，得到頓悟上乘的妙理，承蒙大師法恩，當頂戴感激不盡！同時奉送磨衲袈裟及水晶缽，敕令韶州刺史重修寺院，賜名六祖的新州故居為國恩寺。

賞析與點評

眾所周知，維摩詰居士稱病是假，趁機調教執著小乘的聲聞弟子是真；惠能年老多病是託辭，抗旨不遵是實，武則天心知肚明。然而她不但沒有加罪惠能，反而對他讚賞有加，稱能聽聞無上甚深的頓教法門妙法，是其人生中最大的幸事，亦是國家之幸。這不能不讓我們敬佩武則天的氣度，更深感正法感化的力量。

付囑品第十

本篇導讀——

五祖弘忍大師傳衣鉢時曾告誡惠能：「自古，佛佛惟傳本體，師師密付本心；衣為爭端，止汝勿傳；若傳此衣，命如懸絲。」事實上，惠能一生因衣鉢而遭受無數迫害，也因爭奪衣鉢而使南、北二宗的弟子爭辯不休，所以惠能決定依訓不傳衣鉢，因而終生致力於調教弟子的事業，以使頓教法門傳承下去。即使在臨終時仍念念不忘此事，將自己一生的心得傾囊相授，主要包括兩方面的內容：三科法門的世界觀和三十六對的方法論。惠能採用佛陀的分析法，說明世界萬物皆可分解為五蘊、十二處和十八界（即三科）等元素，無法找出一個永恆不變的實體，故說空無自性；然後在方法論上又採用綜合法，說明構成萬物的基本元素也不是獨立存在的實體，而是互依互存，相對而存在。惠能從物質世界中選挑五對、法相語言中挑選十二對、主觀的自性中挑選十九對進行示範講解，否定人們非此即彼的思想方式，「出沒即離兩邊」，「二法盡除」，中道實相顯現，才能真正把握宇宙人生的本質，達到自性的覺悟。

師一日喚門人法海、志誠、法達、神會、智常、智通、志徹、志道、法珍、法如等，曰：汝等不同餘人，吾滅度後，各為一方師。吾今教汝說法，不失本宗：先須舉三科法門[1]，動用三十六對，出沒即離兩邊。說一切法，莫離自性。忽有人問汝法，出語盡雙，皆取對法，來去相因。究竟二法盡除，更無去處。

注釋

1 三科：指五蘊、十二處和十八界。

譯文

一天，六祖惠能叫來了弟子法海、志誠、法達、神會、智常、智通、志徹、志道、法珍、法如等，對他們說：你們幾個和其他人不一樣，等我去世以後，你們各自要做教化一方的宗師。我現在教你們應當如何說法，才不會失去本宗宗旨。說法時首先必須列舉出三科法門，運用三十六對相對法，言語一經說出口不要落於相對立的色與心、染與淨、有為與無為、有漏與無漏等兩邊。講說一切法的時候均不能背離自性。如果忽然有人向你問法，開口說法時要顧及相對性概念的兩方面，不偏在一邊，全部要運用「對法」的方法教化眾生，彼此來去相互為因。最後把生滅、有無兩邊的差別對待全部去除，更沒有其他可執著之處。

賞析與點評

功蓋三分國，名成八陣圖。
江流石不轉，遺恨失吞吳。

——唐・杜甫

這是唐代大詩人杜甫對三國名臣諸葛亮一生的總結。諸葛亮這位曠世奇才，以超人的智慧、敬業的精神，協助劉備匡復漢室，成就蜀國霸業。也由於他一貫親力親為的行事風格，沒有培養出治理蜀國的優秀接班人，致使「蜀中無大將，廖化充先鋒」，蜀國成為三國中最早滅亡的一個王朝。

作為智慧化身的惠能，深知培養接班人的重要性，他一生以身作則，教化弟子，臨終時，仍絲毫沒有放鬆對弟子們的調教，吩咐法海等十大弟子在教化眾生時先以五蘊、十二處和十八界了知千差萬別的萬物是如何產生的，接著以「三十六對」啟發學人超越萬物表象上存在的差別與對待，「出沒即離兩邊」，悟入空性，達到「究竟二法盡除」、直契本性的境界。

三科法門者，陰、界、入也。「陰」是五陰，色、受、想、行、識是也；「入」是十二入，外六塵：色、聲、香、味、觸、法，內六門：眼、耳、鼻、舌、身、意是也；「界」是十八界，六塵、六門、六識是也。自性能含萬法，名含藏識[1]。若起思量，即是轉識[2]。生六識，出六門，見六塵，如是一十八界，皆從自性起用。自性若邪，起十八邪；自性若正，起十八正。若惡用即眾生用，善用即佛用。用由何等？由自性有。

注釋

1 含藏識：簡稱藏識，即八識中的第八阿賴耶識。此識為宇宙萬有之本，含藏萬有，使之存而不失。又因其能含藏生長萬有的種子，所以也稱為種子識。

2 轉識：第七末那識的異名，以第八識為所依，「恆審思量」勝於餘識，因它是由藏識轉生，所以叫作轉識。

譯文

所謂三科法門，就是陰、界、入。「陰」是五蘊，即色、受、想、行、識。「入」就是十二入，就是身外六塵（色、聲、香、味、觸、法）、身內六門（眼、耳、鼻、舌、身、意）。「界」是十八界，就是六塵、六門和六識。自性能夠含藏宇宙間一切事物、現象等法，所以叫作含藏識。如果生起分別思量心，就是轉識。生起眼識、耳識、鼻識、舌識、身識、意識這六識，六識通過六門認識了六塵，這樣就是十八界，皆是從自性中生起，然後產生作用。自性若邪，就產生十八邪；自性如果正，就產生十八正。自性迷，起惡念，就是眾生之用；自性若悟，起善念，就是佛之用。被惡念所用還是被善念所用，來自哪裏呢？都是由自性而來。

賞析與點評

五蘊是從生命當下存在的組合來觀察自我的本來面目。人是由物質現象（色）和精神現象（受、想、行、識）組合而成，是眾緣假合之身，根本無法找出一個永恆不變的我，因而我即是空，以此來破除我執，達到解除眾生苦難的目的。

十二處、十八界是從人們認識自我所面對的客觀世界的過程，來闡釋客觀世界的本質。佛教常以六塵（色、聲、香、味、觸、法）來統攝被認知的對象——外部世界，以六根（眼、耳、鼻、舌、身、意）來統攝人的知覺器官，以六識（眼識、耳識、鼻識、舌識、身識、意識）來統攝人的認知能力——意識。

當知覺器官與外部世界相接觸時，我們的意識便產生分別思量心。染污的心容易被名、利等身外之物所惑，「創造」一個以自我為中心的假有實無的現象世界，痛苦由此而生；清淨的心能感知真實世界。惠能從「迷即眾生悟即佛」出發，強調要善用自性，不被情識污染則自性正，自性正則十八正。如果表現出惡用，就是眾生用；如果表現出善用，就是佛用。用自哪裏來呢？由自性而來。

對法外境，無情五對：天與地對，日與月對，明與暗對，陰與陽對，水與火對。此是五對也。

譯文

相互對待的諸法，外境無情方面有五對法：天與地相對，日與月相對，明與暗相對，陰與陽相對，水與火相對。這是無情的五對相對法。

賞析與點評

人們常以為水火不相容，然而，水（H_2O）在直流電的電解下可分解成氫氣和氧氣；氫氣在氧氣中燃燒又會生成水。從這簡單的科學試驗中不難發現，水與火都是由元素組合而成的混合物，沒有固定不變的實體。惠能教導弟子天與地對、日與月對、暗與明對、陰與陽對、水與火對，其用意不是否定客觀事物的存在，而是要求我們在物質現象存在的當下，洞見萬物的本質，即空無自性。

法相[1]語言十二對：語與法對，有與無對，有色與無色對，有相與無相對，有漏與無漏對，色與空對，動與靜對，清與濁對，凡與聖對，僧與俗對，老與少對，大與小對，此是十二對也。

注釋

1 法相：諸法所具本質之相狀（體相），包括一切有生滅、無生滅變化的現象。

譯文

法相、語言方面有十二對法：語言與佛法相對，有和無相對，有色和無色相對，有相和無相相對，有漏和無漏相對，色和空相對，動和靜相對，清和濁相對，凡和聖相對，僧和俗相對，老和少相對，大和小相對，這是法相和語言的十二對相對法。

賞析與點評

佛陀《中阿含經．阿梨吒經》（T1.764b19-764c12）中說，一個逃亡的人被一條大河阻斷去路，河上沒有橋樑、船隻可供渡河，後有追兵。在這萬分危險的時刻，他急中生智，採集草木枝葉，做成木筏，成功渡河，逃過一劫。為此，他時刻背著他的「救命恩人」——木筏。眾人皆笑他的愚蠢行為。

佛陀以筏喻告知世人，有與無、有色與無色、有相與無相、有漏與無漏、色與空、凡與聖等教法，如同渡河的木筏，悟入「空性」後就應捨棄。惠能以有與無、有相與無相、有漏與無漏、色與空等十二對教眾生，使他們契入於相而離相，遠離我、我所、有無等一切戲論妄執，方能於般若無相生出一念清淨心。正如《大般若波羅蜜多經》說，「畢竟空中有無戲論皆滅」。（T7.632a18）

自性起用十九對：長與短對，邪與正對，癡與慧對，愚與智對，亂與定對，慈與毒對，戒與非對，直與曲對，實與虛對，險與平對，煩惱與菩提對，常與無常對，悲與害對，喜與瞋對，捨與慳對，進與退對，生與滅對，法身與色身對，化身與報身對，此是十九對也。

師言：此三十六對法，若解用，即道貫一切經法，出入即離兩邊。

譯文

自性起用方面有十九對法：長與短相對、邪見與正見相對、愚癡與聰慧相對、愚笨與智慧相對、亂與定相對、慈悲與毒害相對、戒與非相對、直與曲相對、真實與虛妄相對、險與平相對、煩惱與菩提相對、常與無常相對、悲與害相對、歡喜與嗔怒相對、施捨與吝嗇相對、前進與後退相對、生起與寂滅相對、法身與色身相對、化身與報身相對，這是自性起用的十九對相對法。

六祖惠能說：這三十六對相對法的教法，假如你能明白它的功用，就能貫通一切佛法與經典，進退都能不執兩邊、脫離兩個極端。

賞析與點評

一位年輕人問禪師，什麼是中道？禪師要求他把眼睛蒙起來，行走在一條小道上，小道兩邊有水溝。禪師看到這位年輕人偏離正道，快要掉進左邊的水溝時，便及時提醒他「向右」；一會兒年輕人又偏離正道，快要掉進右邊的水溝時，禪師及時地提醒他「向左」。年輕人繼續前行，老禪師就這樣一會兒教他向左，一兒會教他向右……最後年輕人終於不耐煩地問：「你到底要我向左，還是向右行？」老禪師笑呵呵地說：「向左向右並不重要，最重要的是我要你回到正道上來。」年輕人恍然大悟，明白了什麼是真正的中道。

以上公案中所蘊含的道理，正是惠能「三十六對法」的精髓所在。惠能不是否定明與暗、陰與陽、水與火、有與無、有漏與無漏、色與空、凡與聖、長與短、邪與正、煩惱與菩提等三十六對的緣起存在，更不是讓人不辨是非曲直，而是用而不執，思而不迷，引導人覺悟「三十六對法」皆是相對而存在，並非有絕對存在的實體，超越相對的兩邊，契合中道實相。

自性動用，共人言語，外於相離相，內於空離空。若全著相，即長邪見；若全執空，即長無明[1]。執空之人有謗經，直言「不用文字」。既云「不用文字」，人亦不合語言。只此語言，便是文字之相。又云「直道不立文字」，即此「不立」兩字，亦是文字。見人所說，便即謗他言著文字。汝等須知，自迷猶可，又謗佛經。不要謗經，罪障無數。

注釋

1 無明：不通達真理，不能如實理解事相或道理的精神狀態。

譯文

自性啟動並生發作用的時候，和別人一起言論，對外在事物不執著它的相狀，對內在心念不執著於空無。執著空見的人，常常會誹謗佛教經典，甚至直言修道不需要文字。既然說不用文字，那麼人也不應該有語言。說這樣的話時，已落入文字之相。也有人說「直指之道不立文字」，這「不立」兩個字本身就是文字。又見到別人在說法，就誹謗別人所說的是在執著文字相。你們應該知道，自己執迷還罷了，又誹謗佛經。千萬不可誹謗經法，否則將造下無量無邊的罪業。

賞析與點評

由於語言文字的局限性，佛陀在菩提樹下所悟證的心法確實是無法用語言講出來的。然而，我們不能因噎廢食，走向另一個極端，徹底否定語言文字在悟道過程中的功用，認為「知之一字，眾禍之門」，譏識字者為「總作得鹽鐵判官」，譏讀經者為「鑽故紙驢年」，把三藏十二部看成是「拭不淨故紙」。惠能因此提醒弟子們：「見人所說，便即謗他言著文字。汝等須知，自迷猶可，又謗佛經。不要謗經，罪障無數。」佛陀如良醫，佛法如藥方。疾病一天未除，藥方絕不是一紙空文；眾生煩惱一天不除，佛經仍是無價之寶。正因為如此，儘管禪宗主張「不立文字」，但並未否定佛經在悟道中的重要性，主張離言說相，藉教悟宗，發揮語言文字的功能，為悟道服務，顯示出修習般若法門的妙處。

若著相於外，而作法求真；或廣立道場，說有無之過患，如是之人，累劫不可見性。但聽依法修行，又莫百物不思，而於道性窒礙。若聽說不修，令人反生邪念。但依法修行，無住相法施。汝等若悟，依此說、依此用、依此行、依此作，即不失本宗。

譯文

如果外執於相，而通過種種方法去求取真道；或者到處建立道場，而辯論有無的過患，像這樣的人，即使歷經多劫也不可能明心見性。原本想要依照正法修行，又不可什麼都不想，這樣反將造成佛道上的障。如果只是聽人說法而不實地修行，反而會使人生起邪念。因此要依照正法修行，說法不要住相。你們如果能夠悟解，並且依照這樣去說、去用、去行、去作，就不會失卻本宗的宗旨了。

賞析與點評

雖多誦經集，放逸而不行；
如牧數他牛，自無沙門分。

——南傳《法句經》

學習經典，如同進飯店看菜單，知正法如同看中自己喜愛的菜，即使將菜單倒背如流，若不動口吃菜，仍無法從中受益；同理，只研讀佛經而不依法修行，甚至以多聞為自傲，這不但無益，反而有害。只有將菜吃進肚中消化，才能受益；同理，只有依法起修，解行並重，才不違頓悟法門的宗旨。

若有人問汝義，問有將無對，問無將有對；問凡以聖對，問聖以凡對。二道[1]相因，生中道義。

如一問一對，餘問一依此作，即不失理也。設有人問：「何名為暗？」答云：「明是因，暗是緣，明沒即暗。」以明顯暗，以暗顯明，來去相因，成中道義。餘問悉皆如此。汝等於後傳法，依此轉相教授，勿失宗旨。

注釋

1 二道：指相對的兩個方面，如有與無、凡與聖。

譯文

如果有人問你法義，問「有」，就用「無」來答；問「無」，就用「有」來答；問「凡」，就用「聖」來答；問「聖」，就用「凡」來答。就這樣，二邊對待法的相互為因而離卻二邊，就顯出了中道義理。像這樣一問一答，其餘的問題也完全依照這樣作答，就不會失卻中道的理體了。

假如有人問：「什麼叫作暗？」就回答他說：「明就是因，暗就是緣，光明消失就產生黑暗。」以光明來顯現黑暗，以黑暗來顯現光明。一來一回相互為因，而成中道義理。其餘的問題都可以這樣解答。你們今後傳法，要依照這種方法轉相教導傳授，不要失卻頓門宗旨。

賞析與點評

一位武士想愚弄聰慧的一休禪師。他捉了一隻小鳥，藏在身後，問：「我們打個賭，禪師說我手中的小鳥是活的還是死的？」一休知道，如果他說是死的，武士肯定會鬆手放飛小鳥；而如果他說是活的，那武士一定會暗中使勁把小鳥捏死。於是，一休說：「是死的。」武士馬上把手鬆開，笑道：「哈哈，禪師你輸了，你看這小鳥是活的。」一休淡淡一笑，說道：「是的，我輸了。」一休輸了，但是他卻贏得了小鳥的生命。

這則故事告訴我們，問「有」答「無」，問「無」答「有」；問「凡」答「聖」，問「聖」答「凡」，看似無理取鬧，邏輯混亂，其實另有深意。即惠能的重點不是說「有」說「無」，說「凡」說「聖」，而是以此來破除人們對「有」與「無」、「凡」與「聖」的執著，「成中道義」，獲佛慧命。

師於太極元年壬子，延和七月，命門人往新州國恩寺建塔，仍令促工。次年夏末落成。七月一日，集徒眾曰：吾至八月，欲離世間。汝等有疑，早須相問，為汝破疑，令汝迷盡。吾若去後，無人教汝。

法海等聞，悉皆涕泣；惟有神會，神情不動，亦無涕泣。

師云：神會小師[1]，卻得善、不善等，毀譽不動，哀樂不生；餘者不得。數年山中，竟修何道？汝今悲泣，為憂阿誰[2]？若憂吾不知去處，吾自知去處；若吾不知去處，終不預報於汝。汝等悲泣，蓋為不知吾去處；若知吾去處，即不合悲泣。

注釋

1 小師：受具足戒未滿十年之僧人，通常指年輕弟子。

2 阿誰：何人。

譯文

六祖惠能在唐睿宗太極元年（七一二），也就是延和元年的七月，命令弟子前往新州國恩寺建塔，還命令人去催促施工。第二年夏天快結束的時候，塔建成竣工了。七月一日，六祖惠能召集弟子門人，對他們說：我到八月，將要離開人世。

你們有什麼疑問，要早點來問，我為你們破除疑惑，讓你們愚迷盡除。我去世以後，就沒有人再指導你們了。

法海等弟子聽說以後，全部都痛哭流涕；只有神會，神色絲毫沒有變動，也沒有哭泣流淚。

六祖惠能說：神會雖是個小禪師，卻能得悟善與不善平等無差別，不被詆毀稱譽所動搖，不生悲哀或快樂的情緒。其他人都沒能做到，十幾年在山中修行，究竟修了什麼道？你們現在悲傷哭泣，是為了誰憂傷？如果是傷心我不知往哪裏去，其實我自己知道我的去處；我如果不知道去處，是不會向你們事先通報的。你們悲傷哭泣，都是因為不知道我的去處；如果知道我的去處，就不該悲傷。

賞析與點評

城外土饅頭，餡草在城裏。一人吃一個，莫嫌沒滋味。
世無百年人，強作千年調。打鐵作門限，鬼見拍手笑。

——唐．王梵志

饅頭代表墳墓，即喻示著死亡，何其詼諧。接著作者幽默地形容「餡草在城裏」。有饅頭必有餡，而餡就是人。是什麼扮演著吃人的角色呢？

作者在詩中揭示了死亡的必然，進而打破了世人長生不死的美夢。這一認識是具有現實主義意義的。直面死亡，才能體味生之可貴、人生苦短。從詩中我們可品味僧家冷峻的幽默。而六祖面臨生死，預知時至，從容灑脫，且殷殷教導徒眾，不但顯示了一代宗師的風範，也展現了禪者生死自在的風采。

法性本無生滅去來，汝等盡坐，吾與汝說一偈，名曰「真假動靜偈」。汝等誦取此偈，與吾意同；依此修行，不失宗旨。眾僧作禮，請師說偈。偈曰：

一切無有真，不以見於真；若見於真者，是見盡非真。
若能自有真，離假即心真；自心不離假，無真何處真？
有情即解動，無情即不動；若修不動行，同無情不動。
若覓真不動，動上有不動；不動是不動，無情無佛種。
能善分別相，第一義不動；但作如此見，即是真如用。

報諸學道人，努力須用意；莫於大乘門，卻執生死智。
若言下相應，即共論佛義；若實不相應，合掌令歡喜。
此宗本無諍，諍即失道意；執逆諍法門，自性入生死。

譯文

佛性本來沒有生滅來去，你們都全部坐下，我給你們說一個偈，名為：「真假動靜偈」。你們念誦聽取這個偈，就能和我的心意相同；依照這個偈修行，就不會迷失宗門旨趣。所有僧人都行禮，請六祖惠能作偈。偈說：

一切萬法皆非真，不要顛倒看作真；若是當作真實看，此見完全不是真。
若能自心識得真，離了假相即心真；自心不能離假相，既已無真何處真？
有情本來就解動，木石無情才不動；若是偏修不動行，則同木石頑不動。
如尋自心真不動，不動自存於動中；不動若是頑不動，無情卻是無佛種。
能善分別諸法相，於第一義而不動；只要能作這樣看，此見就是真如用。
告訴諸位學道人，著力必須要用意；勿在大乘宗門下，卻仍執著生死見。
彼此談論若相契，就應共論佛法義；所言若實不相契，也應合掌使歡喜。
宗門原本是無諍，有諍就失真道義；固執違逆諍論者，心性便轉入生死。

賞析與點評

稽首天中天，毫光照大千；
八風吹不動，端坐紫金蓮。
——宋．蘇東坡

蘇東坡專心習禪，頗有心得，自覺心中安然，穩如泰山，於是寫下以上偈頌，表明自己的悟境。

寫完此偈，他便迫不切待地讓書童搖船送過江，請金山寺佛印禪師印證。佛印看後，一語不發，只寫了兩個字，便交給書童帶回，早在江邊等候的蘇東坡看到「放屁」兩個字的批示，心中憤憤不平，立即過江找佛印討公道。佛印反問：「你不是自稱已經八風吹不動了嗎？怎麼一屁就把你打過江呢？」

佛教通常把「稱、譏、毀、譽、利、衰、苦、樂」稱為八風，在現實生活裏，任何一種「風」，都能讓人「心動」，並直接影響人們的情緒。

譬如說，別人講我們不好（毀），便生氣、難過，時而焦躁，時而憂心，時而恐懼，時而絕望，當然，有時也會得意忘形。然而其結果都一樣：苦海無邊。這就是惠能所說的「仁者心動」之含義。當然，我們也不能因此而走入另一個極端，斷絕任何念頭，追求不動，形同草木，反而連成佛的機會都斷絕了。這首真假動靜偈的核心不是要人動與不動，而是要人識得本心，不要心隨物轉，而要隨心轉境，動靜一如，做到「行亦禪，坐亦禪，語默動靜體安然」，則行住坐臥都具有禪味，平常用心皆是道，生命的分分秒秒便會在從容中走過。

時，徒眾聞說偈已，普皆作禮，並體師意，各各攝心，依法修行，更不敢諍，乃知大師不久住世。法海上座，再拜問曰：和尚入滅之後，衣法當付何人？

師曰：吾於大梵寺說法，以至於今，抄錄流行，目曰《法寶壇經》。汝等守護，遞相傳授。度諸群生，但依此說，是名正法。今為汝等說法，不付其衣。蓋為汝等信根淳熟，決定無疑，堪任大事。然據先祖達摩大師，付授偈意，衣不合傳。偈曰：

吾本來茲土，傳法救迷情[1]；

一華開五葉，結果自然成。

注釋

1 迷情：指迷惑之眾生（有情）。

譯文

當時，弟子門人們聽完了偈，全都行禮。並且各自體會六祖惠能的意思，收拾本心，依照這個法門修行，不再相互爭辯了。由於知道六祖惠能停駐人世的時間不多了，法海上座在此禮拜六祖惠能，問道：大師入滅之後，衣鉢和教法應該傳給誰？

六祖惠能說：我在大梵寺說法，直到現在，所演說的內容已經被抄錄下來並廣為流佈，其名目叫作《法寶壇經》。你們好好守護，次第相互流傳指授，去度化眾生，依照這個說法的就是真正的佛法。我現在為你們說法，不再付囑袈裟，就是因為你們都已經信根淳熟，正定而沒有疑惑，堪當弘法的大任。而且根據祖師達摩大師付囑傳授的偈子的含義，衣鉢袈裟是不應該傳下去的。達摩祖師的偈語是這樣說的：

我來東土的本意，是為傳法度迷情；
一華盛開為五葉，菩提道果自然成。

賞析與點評

惠能臨終前，法海詢問衣鉢傳何人。六祖惠能引初祖達摩傳法慧可時的悟道偈以作答：「吾本來茲土，傳法救迷情；一華開五葉，結果自然成。」所謂「一華」是指六祖惠能所傳的頓悟法門，開出了臨濟宗、溈仰宗、曹洞宗、雲門宗、法眼宗這五朵覺悟之花，演說「教外別傳、不立文字、直指人心、見性成佛」的要旨，引來無數人對明心見性之法的孜孜追求。唐人李中曾對此盛況有如下描述：「多少學徒求妙法，要於言下悟無生。」既然頓悟法門後繼有人，六祖惠能依弘忍的囑咐，只傳《六祖壇經》作求法的依據，不再傳衣鉢。

師復曰：諸善知識！汝等各各淨心，聽吾說法。若欲成就種智[1]，須達一相三昧、一行三昧。若於一切處而不住相，於彼相中不生憎愛，亦無取捨，不念利益、成壞等事，安閒恬靜，虛融澹泊，此名一相三昧；若於一切處，行住坐臥，純一直心，不動道場，真成淨土，此名一行三昧。若人具二三昧，如地有種，含藏長養，成熟其實，一相一行，亦復如是。

注釋

1 種智：一切種智之略稱，即佛了知一切種種法之智慧。

譯文

六祖惠能又說：各位善知識！你們各自清淨心念，聽我講說佛法。如果要成就佛的智慧，必須達到一相三昧和一行三昧。如果能在一切處而不住一切相，並於一切相上不起怨憎或喜愛，也沒有執取和捨棄的心念，不計較利益成敗等事，安閒恬然平靜，清虛圓融澹泊，這就叫作一相三昧。如果在一切處，無論行住坐臥，都懷有一顆純淨正直的心，從而在內心建立起境隨心轉的不動道場，當下成就真實淨土，這叫作一行三昧。如果能具有這兩種三昧，就如同大地中含有種子，經過孕含、蓄藏、生長和培養，果實得以成熟。一相三昧和一行三昧，也是這樣。

賞析與點評

就認知層面而言，萬事萬物在現象上雖是千差萬別，但「空無自性」這「一相」卻是萬物共同的本質。若能領悟此理，心不住相，憎愛則無從生起，怡然自得之心隨之而來，即得一相三昧。

正如僧肇在《注維摩詰經》中說，「萬物齊旨，是非同觀，是名一相。」（T38.350a26-27）就人們的實踐層面而言，心不住於過去和未來，而是專注於當下這一念，無論是行住坐臥，還是學習工作，心存正念，不為身外之物所左右，即得一行三昧。

我今說法，猶如時雨，普潤大地。汝等佛性，譬諸種子，遇茲霑洽，悉皆發生。承吾旨者，決獲菩提；依吾行者，定證妙果。聽吾偈曰：

心地含諸種，普雨悉皆萌。
頓悟華情已，菩提果自成。

師說偈已，曰：其法無二，其心亦然。其道清淨，亦無諸相，汝等慎勿觀靜及空其心。此心本淨，無可取捨，各自努力，隨緣好去[1]。

爾時徒眾作禮而退。

注釋

1 好去：好走、保重。

譯文

我現在所說的法，譬如及時雨，普遍潤澤大地上的一切生物；你們本有佛性，好像一粒粒的種子，遇到及時雨滋潤，都能發芽生長。凡是承受我旨意的人，一定能證得菩提；依照我所說的去行持的人，一定能夠獲證妙果。聽我說偈：

心地含藏諸種子，普獲法雨皆發萌。

頓悟華情行持後，菩提妙果自然成。

六祖惠能說完偈，又說：佛法沒有二法，心也是這樣，只有一種。佛道清淨，沒有什麼可以執著。你們切勿偏執「觀靜」和偏落「空心」，自心本來清淨，原本就沒什麼可執取和捨棄。你們要各自努力，隨緣珍重。

當時弟子門人都向惠能行禮後退出。

賞析與點評

信心為種子，苦行為時雨，智慧為時軛，慚愧心為轅。
如是耕田者，逮得甘露果；如是耕田者，不還受諸有。

——《雜阿含經》（T2.27a25-b5）

秋天，田野一片金黃，農人聚集在一起，慶祝豐收，到處洋溢著豐收的喜慶氣氛。此時，一位農夫看到佛陀正托缽遠遠走來，故意難為佛陀說：「佛陀！我們默默耕耘了一年，才有今天的收穫。你只有和我們一樣耕地播種，今天才有資格得到食物呀！」佛陀聽後安詳地說：「我亦耕田下種，以供飲食。」農夫十分驚訝地說：「自說耕田者，而不見其耕；為我說耕田，令我知耕法。」佛陀於是說了以上偈頌。農夫聽完十分慚愧，終於領悟到佛陀才是世界上最偉大的播種者，於是盛滿了最香美的食物供養佛陀。

這個故事出自《雜阿含經》（T2.27a10-b6），是佛陀所說的「耕心田之法」。惠能依教奉行，在眾生的心田上，撒下佛性的種子，以智慧之犁拔除人們心田中執著的雜草，最終收穫幸福之菩提果。

大師七月八日，忽謂門人曰：吾欲歸新州，汝等速理舟楫。大眾哀留甚堅。

師曰：諸佛出現，猶示涅槃，有來必去，理亦常然。吾此形骸，歸必有所。

眾曰：師從此去，早晚可回？

師曰：葉落歸根，來時無口[1]。

又問曰：正法眼藏[2]，傳付何人？

師曰：有道者得，無心者通。

又問：後莫有難否？

師曰：吾滅後五六年，當有一人來取吾首。聽吾記曰：

頭上養親，口裏須餐；

遇滿之難，楊柳為官。

注釋

1 來時無口：無口，沒有講什麼話，喻指無法可說、未曾說法。禪宗強調傳心法要，是要靠自證自悟的，佛也是以無言傳教。這裏是指六祖惠能提醒大家，他一生都沒說過什麼法。

2 **正法眼藏**：依徹見真理的智慧眼（正法眼），透見萬德秘藏的法（藏），也就是佛內心的悟境。

譯文

七月八日，六祖惠能忽然對弟子說：我要回新州，你們趕快準備船隻。

弟子門人苦苦哀求，堅決挽留。

六祖惠能說：諸佛隨緣應化出世，尚且還要示現涅槃，有來必定有去，這是正常的道理。我這肉身骸骨也應該有所歸宿。

弟子們說：師父！您現在去了新州，什麼時候可以再回來？

六祖惠能說：落葉歸根，生來本無話可說。

弟子又問：正法眼藏傳給什麼人？

六祖惠能說：有道的人得我法，無執著心的人會通達領會。

弟子又問：以後是不是會有劫難啊？

六祖惠能說：我去世後五六年，應該會有一個人前來取我的首級。聽我預記：

取頭頂戴如養親，為了口腹代人行；

遇到滿字的事難，州縣當官是楊柳。

賞析與點評

惠能去世不久，先有新羅國的金大悲，以二十千錢買通張淨滿盜取六祖的首級（遇滿之難）。案發後，縣令楊侃與州刺史柳無忝聯手審理此案（楊柳為官），但案子審問到最後，縣令、刺史卻不知如何判罪。因為幕後主犯金大悲是以恭敬心盜取六祖首級，本想如同供奉自己的雙親一般帶回國供養（頭上養親），而主犯張淨滿是位大孝子，盜首級僅僅是為了填飽口腹，孝養父母（口裏須餐）。

解讀四句讖語不難發現，主犯出於恭敬心盜取六祖首級，盜賊出於孝心行盜，這再一次提醒人們，超越善、惡的分別相，才能審理此案。

又云：吾去七十年，有二菩薩，從東方來，一出家、一在家，同時興化，建立吾宗，締緝伽藍，昌隆法嗣。

問曰：未知從上佛祖應現已來，傳授幾代？願垂開示。

師云：古佛應世，已無數量，不可計也。今以七佛為始，過去莊嚴劫毗婆尸佛、尸棄佛、毘舍浮佛；今賢劫[1]拘留孫佛、拘那含牟尼佛、迦葉佛、釋迦文佛，是為七佛。已上七佛，今以釋迦文佛首傳。第一、摩訶迦葉尊者，第二、阿難尊者，第三、商那和修尊者，第四、優婆毱多尊者，第五、提多迦尊者，第六、彌遮迦尊者，第七、婆須蜜多尊者，第八、佛馱難提尊者，第九、伏馱蜜多尊者，第十、脅尊者，十一、富那夜奢尊者，十二、馬鳴大士，十三、迦毗摩羅尊者，十四、龍樹大士，十五、迦那提婆尊者，十六、羅睺羅多尊者，十七、僧伽難提尊者，十八、伽耶舍多尊者，十九、鳩摩羅多尊者，二十、闍耶多尊者，二十一、婆修盤頭尊者，二十二、摩拏羅尊者，二十三、鶴勒那尊者，二十四、師子尊者，二十五、婆舍斯多尊者，二十六、不如蜜多尊者，二十七、般若多羅尊者，二十八、菩提達摩尊者，二十九、慧可大師，三十、僧璨大師，三十一、道信大師，三十二、弘忍大師，惠能是為三十三祖。從上諸祖，各有稟承。汝等向後，遞代流傳，毋令乖誤。

注釋

1 賢劫：人的壽命從十歲起，每百年增一歲，增至八萬四千歲；再從八萬四千歲起，每百年減一歲，減至十歲，這一增一減的時間為一小劫。二十小劫為一中劫，四個中劫（成、住、壞、空）為一大劫。我們現在處於大劫的第二階段——住劫，因有一千尊佛出世度眾生，故稱為「賢劫」，全稱為「現在賢劫」，與「過去莊嚴劫」、「未來星宿劫」合稱「三劫」。

譯文

六祖惠能又說：我去世後七十年，有兩位菩薩，從東方來，一位是出家僧人，一位是在家居士，他們同時大興教化，建立宗派，修建寺廟（伽藍），傳承正法的僧伽輩出。

弟子們問：不知從最初佛祖應身現化以來，已經共計傳授了多少代？希望大師給予開示。

六祖惠能說：從遠古的佛應身出世，已經無數無量，不可計算了。現在就以七佛為開始吧，在過去世的莊嚴劫中，有毗婆尸佛、尸棄佛、毘舍浮佛。今賢劫中，有拘留孫佛、拘那含牟尼佛、迦葉佛、釋迦文佛。這就是所說的七佛。現在以釋迦牟尼佛為首傳，依次傳遞：第一，摩訶迦葉尊者，第二，阿難尊者，第三，商那和修尊者，第四，優婆毱多尊者，第五，提多迦尊者，第六，彌遮迦尊者，第七，婆須蜜多尊者，第八，佛馱難提尊者，第九，伏馱蜜多尊者，第

三十三祖惠（慧）能大師

十，脅尊者，十一，富那夜奢尊者，十二，馬鳴大士，十三，迦毗摩羅尊者，十四，龍樹大士，十五，迦那提婆尊者，十六，羅睺羅多尊者，十七，僧伽難提尊者，十八，伽耶舍多尊者，十九，鳩摩羅多尊者，二十，闍耶多尊者，二十一，婆修盤頭尊者，二十二，摩拏羅尊者，二十三，鶴勒那尊者，二十四，師子尊者，二十五，婆舍斯多尊者，二十六，不如蜜多尊者，二十七，般若多羅尊者，二十八，菩提達摩尊者，二十九，慧可大師，三十，僧璨大師，三十一，道信大師，三十二，弘忍大師，一直到我惠能是第三十三代祖。從上面所說的諸位祖師，都各有所稟承。你們以後也要代代相傳，不可有誤。

賞析與點評

十方同一會，各各學無為。
此是選佛場，心空及第歸。

——唐・龐蘊

六祖惠能預言，在他去世後七十年，有僧、俗二菩薩大弘盛教。這二菩薩所指何人，一直有許多不同的說法。我個人認為，應是馬祖道一禪師（七〇九—七八八）和龐蘊居士，原因有二。其一，惠能去世後七十年，正好是馬祖道一禪師和龐蘊居士在世。更重要的是，自從馬祖建叢林、百丈立清規以來，中國佛教開創了農禪並重的優良傳統，禪法大興於天下。與此同時，龐蘊在馬祖道一的點化下，深得佛法妙意，被譽為達摩東來開立禪宗之後「白衣居士第一人」，有詩偈三百餘篇傳世，以上悟道詩就是其中的一首，足見他對般若性空領悟之深。

大師先天二年癸丑歲八月初三日，於國恩寺齋罷，謂諸徒眾曰：汝等各依位坐，吾與汝別。

法海白言：和尚留何教法，令後代迷人得見佛性？

師言：汝等諦聽！後代迷人，若識眾生，即是佛性；若不識眾生，萬劫覓佛難逢。吾今教汝識自心眾生，見自心佛性。欲求見佛，但識眾生，只為眾生迷佛，非是佛迷眾生。自性若悟，眾生是佛；自性若迷，佛是眾生。自性平等，眾生是佛；自性邪險，佛是眾生。汝等心若險曲，即佛在眾生中；一念平直，即是眾生成佛。我心自有佛，自佛是真佛；自若無佛心，何處求真佛？汝等自心是佛，更莫狐疑。

外無一物而能建立，皆是本心生萬種法。故經云：「心生種種法生，心滅種種法滅。」

譯文

唐玄宗先天二年（七一三），八月初三，六祖惠能在國恩寺用完齋後，告訴所有弟子門人說：你們各自按位子坐好，我跟你們道別。

法海說：大師留下什麼教法，讓後代愚迷的人們得以識見佛性？

六祖惠能說：你們仔細聽好，後代愚迷的人，如果識見眾生，就是識見佛性；如果不識見眾生，永遠尋佛卻終難求到。我現在教你們如何識見自心眾生，識見自心佛性。要想識見佛，只有識見眾生，因為是眾生不能識見於佛，不是佛不得識見眾生。自我本性如果開悟得見，眾生都是佛；自我本性如果執迷不悟，那麼佛就是眾生。自我心性平等無二，眾生是佛；自我心性邪惡危險，那麼佛是眾生。你們的心如果險曲不正，那就是佛淪於眾生之中；如果一念平等正直，那就是眾生就都成佛了。我心中本自有佛，自性之佛才是真佛。自心中如果沒有佛心，到哪裏去求真佛？你們的本心就是佛，不要再懷疑了。自心之外沒有一物能夠建立，因為萬事萬物都是本心所生發。所以說：「心生種種法生，心滅種種法滅。」

賞析與點評

有人問「如何是佛？」馬祖道一禪師隨口回答：「即心是佛。」不一會兒，又有人問同樣的問題，馬祖道一禪師又隨口答道：「非心非佛。」身邊的侍者感到不解：同一問題，答案卻截然不同。其實，馬祖道一禪師是從三個層面引導人們領悟見性成佛：（1）對初學者而言，馬祖以「即心即佛」說明自己的清淨心就是佛心，從而使人們確立自信，「我心自有佛，自佛是真佛。」（2）對修道者而言，馬祖以「非心非佛」說明妄心使人遠離佛心，「自性若迷，佛是眾生。」修道就是破除對生與死、空與有、凡與聖、眾生與佛等相對名相的妄心執著，見空性即見佛，「自性若悟，眾生是佛。」（3）對悟道者而言，馬祖以「平常心是道」說明若能排除善惡、染淨等二元對立的區別性，便可在入世救度眾生時以平常心對待世間不平常事，隨緣度眾，展示大乘入世救眾生的宏願。由此觀之，成凡成聖，盡在一念之間的迷與悟，故「心生種種法生，心滅種種法滅」。

吾今留一偈，與汝等別，名「自性真佛偈」。後代之人，識此偈意，自見本心，自成佛道。偈曰：

真如自性是真佛，邪見三毒是魔王；
邪迷之時魔在舍，正見之時佛在堂。
性中邪見三毒生，即是魔王來住舍；
正見自除三毒心，魔變成佛真無假。
法身報身及化身，三身本來是一身；
若向性中能自見，即是成佛菩提因。
本從化身生淨性，淨性常在化身中；
性使化身行正道，當來圓滿真無窮。
淫性本是淨性因，除淫即是淨性身；
性中各自離五欲，見性剎那即是真。
今生若遇頓教門，忽遇自性見世尊；
若欲修行覓作佛，不知何處擬求真？
若能心中自見真，有真即是成佛因；
不見自性外覓佛，起心總是大癡人。

頓教法門已今留，救度世人須自修；
報汝當來學道者，不作此見大悠悠。

譯文

我今天留一個偈，和你們作別，這個偈叫作「自性真佛偈」。後代的人識見這個偈的真意，可自己識見本心，自我成就佛道。偈中說道：

真如自性是真佛，邪見三毒是魔王；
邪迷之時魔在舍，正見之時佛在堂。
性中邪見三毒生，即是魔王來住舍；
正見自除三毒心，魔變成佛真無假。
法身報身及化身，三身本來是一身；
若向性中能自見，即是成佛菩提因。
本從化身生淨性，淨性常在化身中；
性使化身行正道，當來圓滿真無窮。
淫性本是由淨性而生，除去淫欲就是淨性身；
性中各自遠離五欲，見自清淨本性剎那就是真佛。

今生如能遇到頓教法門，忽然悟到自性，就是親見世尊；
如果想要修行尋求作佛，不知要向何處求真。
如果能在心中自見其真，有真就是成佛之因；
不能見到自性而向外覓佛，起此心念總是大癡人。
現在已經留下頓教法門，要救度世人必須先行自修；
告訴你們及將來學道的人，不作這樣的見解實在是太愚迷了。

賞析與點評

我有明珠一顆，久被塵勞封鎖；
今朝塵盡光生，照破山河萬朵。
——宋．茶陵鬱

茶陵鬱在這首悟道詩中將「真如自性」比喻為心中的明珠，本來清淨，任何灰塵都無法污染它，是成佛的基因。只因一念之差，眾生迷失本性，如同灰塵覆蓋明珠，自性的智慧之光無法顯現出來，邪見橫行，心魔控制著我們的身心，起惑造業，苦海無邊。一念悟，起正見，遮蔽在自性上貪嗔癡等煩惱塵，立可轉染成淨，轉邪成正，轉凡成聖，明心見性。正如惠能說，

「性中各自離五欲，見性刹那即是真。今生若遇頓教門，忽悟自性見世尊。」換而言之，真如自性，人人本具，是成佛的基因。覺悟自性，取決於人在悟性上如何下功夫。

師說偈已，告曰：汝等好住，吾滅度後，莫作世情悲泣雨淚，受人弔問、身著孝服，非吾弟子，亦非正法。但識自本心，見自本性，無動無靜，無生無滅，無去無來，無是無非，無住無往。恐汝等心迷，不會吾意，今再囑汝，令汝見性。吾滅度後，依此修行，如吾在日。若違吾教，縱吾在世，亦無有益。復說偈曰：

兀兀[1]不修善，騰騰[2]不造惡；
寂寂[3]斷見聞，蕩蕩[4]心無著。

師說偈已，端坐至三更，忽謂門人曰：吾行矣！奄然遷化。於時異香滿室，白虹屬地，林木變白，禽獸哀鳴。

注釋

1 兀兀：用心的样子。

2 騰騰：逍遙自在的樣子。

3 寂寂：安靜祥和的樣子。

4 蕩蕩：心胸寬廣的樣子。

譯文

六祖惠能說完偈以後，告訴大家：你們要好好安住世間，我去世之後，不可像世間人那樣悲傷哭泣，淚如雨下，接受別人的弔唁慰問，身穿孝服，這樣不是我的弟子，也不合真正的佛法。只要能識得自己本心，就能見自心本性，原來無動無靜、無生無滅、無去無來、無是無非、無住無往。因為恐怕你們心裏迷惑，不能領會我的意思，現在再次囑咐你們，使你們得見自性。我去世後，依我所說修行，就好像我在世時一樣。如果違背我的教法，縱然我在世，也沒有什麼益處。

接著又說了一首偈：

用心修善不求善，悠閒自在惡不造；

斷絕見聞心安靜，胸中坦蕩心無著。

六祖惠能說完偈以後，端坐著直到三更天，忽然告訴弟子門人說：我去了！便溘然長逝。

當時奇異的香味溢滿室內，一道白虹接天貫地，山林樹木霎時變白，禽鳥野獸鳴叫哀嚎。

賞析與點評

生固欣然，死亦無憾；花落還開，水流不斷。

我兮何有，誰歟安息；明月清風，不勞尋覓。

——趙樸初

六祖即將去世，有悲傷之心，人之常情。然而，物質世界與精神世界皆是因緣所生，相互依存，因因果果，如同花落還開，水流不斷，生生不息。生命也是如此，有生必有滅，這是宇宙人生規律，有什麼好悲傷的呢？若人們能在有生之年，「識自本心，見自本性，無動無靜，無生無滅，無去無來，無是無非，無住無往」，便能做到善、惡不動心，隨緣而行，活在當下，讓生命的每一秒在從容自在中走過，必能做到「生固欣然，死亦無憾」。

十一月，廣、韶、新三郡官僚，洎門人僧俗，爭迎真身[1]，莫決所之。乃焚香禱曰：香煙指處，師所歸焉。時香煙直貫曹溪。

十一月十三日，遷神龕並所傳衣鉢而回。

次年七月二十五出龕，弟子方辯以香泥上之。

門人憶念取首之記，遂先以鐵葉漆布[2]，固護師頸入塔。忽於塔內白光出現，直上衝天，三日始散。

注釋

1 真身：六祖惠能的肉身舍利。

2 鐵葉漆布：弟子想到有人會偷六祖惠能頭顱的預言，所以就用鐵皮和漆布把惠能肉身頸項的部分牢牢地包裹起來。

譯文

十一月，廣州、韶州、新州三州的官員僚屬，以及惠能的門人弟子、僧人、俗人，都爭著要迎取六祖惠能的真身回去供奉，一時間不能決定給誰。於是就燒香禱告說道：香煙所指向的地方，就是大師的歸宿處。當時香煙一直飄向曹溪。

十一月十三日，眾人把六祖坐化的神龕以及五祖傳下的衣鉢都由新州國恩寺遷回曹溪寶林寺供奉。

第二年七月二十五日，六祖惠能的肉身遺體被搬出神龕，弟子方辯用香泥包裹了遺體。這時弟子們憶起六祖曾經說過「取頭」的預記，於是先用鐵片和漆布圍護六祖的頸部，然後送入塔內供奉。六祖真身入塔時，塔內忽然出現一道白光，直貫天上，三天以後才消散。

賞析與點評

惠能去世後，肉身不壞，至今仍栩栩如生，成金剛肉身不壞舍利，與佛頭蓋骨舍利、佛牙舍利、佛指舍利、舍利子，皆成佛門聖物，神秘無比。那麼，舍利子是如何形成的呢？這還得從佛家的緣起法談起。活蹦亂跳的恐龍，遇上大地震，被埋在地下，因高溫與高壓而成恐龍化石；鑽石也是在地球深處高壓、高溫條件下形成的一種由碳元素組成的單質晶體；同理，修行人通過長期的戒、定、慧等修練，活著時他們的肉體結構已發生變化，與常人不同；去世後火化時，他們的肉體在高溫作用下產生變化，而成為各種舍利。換而言之，被人們稱為肉身菩薩的六祖惠能，他的金剛不壞之身，就是他修行功德圓滿的精神力量的結晶。

韶州奏聞，奉敕立碑，紀師道行。師春秋七十有六，年二十四傳衣，三十九祝髮[1]，說法利生，三十七載。得旨嗣法者四十三人，悟道超凡者莫知其數。達摩所傳信衣，中宗賜磨衲寶鉢，及方辯塑師真相，並道具等，永鎮寶林道場。留傳《六祖壇經》，以顯宗旨，興隆三寶，普利群生者。

注釋

1 祝髮：斷髮，後指僧尼削髮出家。祝，斷。

譯文

韶州刺史將六祖惠能的事跡上奏皇上後，奉命給六祖惠能樹立石碑，以紀錄大師道行。大師享年七十六，二十四歲時受五祖傳衣，三十九歲時落髮出家，說法利生共有三十七年。得法嗣法的有四十三人，其他悟道超凡的就不知其數了。達摩祖師所傳以為憑信的祖衣、唐中宗御賜的磨衲寶鉢以及方辯所塑的六祖法相，連同大師所用的道具等，永遠作為寶林寺的鎮寺之寶。《六祖壇經》廣為流佈，顯揚頓教禪門的宗旨，興盛昌隆佛、法、僧三寶，普遍利益一切眾生。

惠能肉身像

賞析與點評

若人百千劫，常隨於如來；不了真實義，盲瞑不見佛。

——《金剛經纂要刊定記》(T33.193c14)

有一次，佛陀在忉利天為母說法三個月後，回到人間，弟子們爭先恐後去迎接佛陀。其中蓮花色比丘尼施展神通，成為第一個見到佛陀的人，十分開心。可佛陀卻微笑著說：「須菩提才是真正見到佛陀的第一個人。」原來，當眾人忙著迎接佛陀時，須菩提卻在山中打坐，悟入緣起性空之理。《度一切諸佛境界智嚴經》云：「若見十二因緣，即是見法；見法，即是見佛。如是見無所見。」(T12.252c25-26) 換而言之，見法即見如來真法身。六祖惠能去世了，卻為人們留下《六祖壇經》，若能認真研究，依之修行，「了真實義」，與六祖惠能住世又有什麼不同?!正如《佛遺教經》云：「汝等比丘，於我滅後，當尊重珍敬波羅提木叉，如闇遇明，貧人得寶。當知此則是汝等大師，若我住世，無異此也。」

附錄

參考資料

T—《大正新修大藏經》。
X—《卍新纂續藏經》。
賴永海主編：《白話佛十三經》，北京：中華書局，二〇一〇年。
洪修平、孫亦平：《中國思想家評傳叢書59 惠能評傳》，南京：南京大學出版社，一九九八年。
王月清：《六祖壇經》，南京：江蘇古籍出版社，二〇〇二年。
郭朋：《壇經校釋》，北京：中華書局，一九八三年。
潘桂明：《壇經全譯》，成都：巴蜀出版社，二〇〇〇年。
魏道儒：《白話壇經》，西安：三秦出版社，一九九二年。
楊曾文：《敦煌新本六祖壇經》，上海：上海古籍出版社，一九九三年。

名句索引

心地但無不善，西方去此不遙；若懷不善之心，念佛往生難到。　一四二

心地含諸種，普雨悉皆萌。頓悟華情已，菩提果自成。　三五二

心如虛空，不著空見，應用無礙，動靜無心，凡聖情忘，能所俱泯，性相如如，無不定時也。　二七六

五畫

功德在法身中，不在修福。　一三二

外道所說不生不滅者，將滅止生，以生顯滅，滅猶不滅，生說不生；我說不生不滅者，本自無生，今亦不滅，所以不同外道。　三二三

外離一切相，名為無相。　一六七

外離相即禪，內不亂即定。外禪內定，是為禪定。　一七八

本來正教，無有頓、漸，人性自有利、鈍。迷人漸修，悟人頓契。自識本心，自見本性，即無差別。　一六二

生來坐不臥，死去臥不坐；一具臭骨頭，何為立功課？　二八九

六畫

自心皈依自性，是皈依真佛。　二〇三

自性若悟，眾生是佛；自性若迷，佛是眾生。自性平等，眾生是佛；自性邪險，佛是眾生。　三六二

自性若迷，福何可救？　〇三三

自性能含萬法是大，萬法在諸人性中。　〇九一

自性起一念惡，滅萬劫善因；自性起一念善，得恆沙惡盡。　二〇四

自悟自修自性功德，是真皈依。　二〇八

七畫

八畫

法則以心傳心，皆令自悟自解。自古，佛佛惟傳本體，師師密付本心。　〇五九

法無四乘，人心自有等差。　二五三

直心是道場，直心是淨土。　一五八

九畫

前念不生即心，後念不滅即佛；成一切相即心，離一切相即佛。　二一九

「若言如來若坐若臥，是行邪道。」何故？無所從來，亦無所去，無生無滅，是如來清淨禪；諸法空寂，是如來清淨坐。　三一八

若能心中自見真，有真即是成佛因；不見自性外覓佛，起心總是大癡人。　三六五

若能正心，常生智慧，觀照自心，止惡行善，是自開佛之知見。　二三〇

十畫

般若者，唐言智慧也。一切處所，一切時中，念念不愚，常行智慧，即是般若行。　〇九五

迷時師度，悟了自度；度名雖一，用處不同。　〇六一

十一畫

唯一佛乘，無有餘乘若二若三。　二三五

常行十善，天堂便至；除人我，須彌倒；去邪心，海水竭；煩惱無，波浪滅；毒害除，魚龍絕。　一四八

十二畫

智慧觀照，內外明徹，識自本心。若識本心，即本解脫；若得解脫，即是般若三昧，即是無念。　一一六

十三畫

十五畫

二十畫

新　視　野
中華經典文庫

新　視　野
中華經典文庫